Coordinador de la colección: Daniel Goldin
Diseño: Joaquín Sierra Escalante
Dirección artística: Mauricio Gómez Morin
Comentarios y sugerencias:
correo electrónico: alaorilla@fce.com.mx

*A la orilla del viento...*

Primera edición en inglés: 1997
Primera edición en español: 2003

Título original: *Buried Onions*
© 1997, Gary Soto
Publicado por Harcourt Brace & Company, San Diego
ISBN 0-15-201333-4

D.R. © 2002, FONDO DE CULTURA ECONÓMICA
Av. Picacho Ajusco 227; México, 14200, D.F.
www.fce.com.mx

ISBN 968-16-6669-0

Impreso en México

# Cebollas enterradas

## Gary Soto

ilustraciones de Patricia Madrigal
traducción de Ilán Adler

**FONDO DE CULTURA ECONÓMICA**

# Capítulo 1

◆ SABÍA que los estudiantes de técnicas mortuorias conseguirían buenos trabajos, porque mi primo acababa de morir y mi padre y dos tíos habían muerto, todos ellos ahora con los brazos como los de una mantís religiosa, torcidos y delgados como un susurro. Mi mejor amigo de la escuela secundaria había muerto también, su cabeza quedó prensada como ropa para lavandería en los gigantescos rodillos de una fundidora de acero. Fue su primer buen trabajo, y el último. Lo imaginé con la cabeza como hacha, y si me lo encontrara, por decir en el cielo o en algún sueño que se pareciera al cielo, no sabría si decir algo primero o dejarlo decir a él las palabras metálicas de alguien cuya cabeza había sido aplastada por el hierro. "Juanito", decidí que diría, invitándolo a sentarse en la banca junto a mí, pero sin mirarlo a la cara. "¿Recuerdas el día cuando se quedó atascado tu dedo en una botella?"

Había ido a la escuela con Juan desde que teníamos siete años y conocía a su hermana Belinda, que ahora esperaba un bebé, su segundo y tal vez último porque su esposo, Junior, estaba en la prisión de Vacaville. Eso no la había ablandado. Era una *chola* con alas de azul sobre cada ojo y una lágrima tatuada en la mejilla izquierda.

Pensé en mi amigo Juan mientras me subía sobre una tambaleante mesa de metal en el campus del City College. Los estudiantes de técnicas mortuorias tenían los dedos muy limpios y se sentaban con

sus cafés que imaginé se enfriarían más rápido que el de los estudiantes normales. Supuse que al manipular los cadáveres, los muertos les robaban parte de su calor natural, y que más tarde, cuando subían las escaleras de aquel húmedo sótano, los estudiantes de tan morboso asunto tenían que pararse bajo el sol y tiritar hasta que el calor les volviera al cuerpo.

El sol trepaba sobre los árboles de la universidad y pronto el asfalto negro se cubriría de vapores. Tenía mi propia teoría acerca de esos vapores: que no provenían del calor solar sino de una gigantesca cebolla enterrada debajo de la ciudad. Esta cebolla nos hacía llorar. Las lágrimas saltaban de nuestras pestañas manchándonos el rostro. Los bebés en sus carriolas fruncían la cara y aullaban sin motivo. Tal vez como práctica para los años venideros. Pensé en aquella cebolla gigante, ese sorprendente bulbo de tristeza.

Regresé a mi apartamento, en una parte de Fresno llena de cercas vencidas y pintura resquebrajada en los muros de las casas. Los aires acondicionados chillaban como ardillas. Los perros tiraban de sus cadenas, con sus pequeñas patas de hoja de trébol endurecidas por tantos años de esta clase de tracción. Ropa escurría de los tendederos, banderas desteñidas de la gente pobre, ignorante, sin posibilidad de conseguir empleo. Los ancianos se sentaban en los porches, abanicándose, ventilando el olor a cebolla para que se dispersara alrededor de la cuadra. Algunos tipos, todos mexicanos como yo, trabajaban en sus autos mientras las madres jóvenes conversaban en sus jardines delanteros, apenas meciendo sus carriolas hacia adelante y hacia atrás. Los bebés seguían llorando, y su llanto removía nuestra frustración porque éramos como esas carriolas, yendo para adelante y para atrás, una y otra vez, sin llegar a ninguna parte.

Para mí, no había mucho que hacer sino comer y dormir, cuidarme de los carros y arreglármelas de la mejor manera posible. Había dejado la universidad, donde estudiaba para técnico en aire acondicionado. Me salí poco después de que asesinaron a mi primo Jesús. Estaba en una discoteca con Ángel, su mejor amigo y *carnal*, un hermano de sangre. Esa noche fue precisamente eso, un hermano de sangre al acostarlo sobre el piso de baldosas blancas y negras. Mi pobre primo. Murió sólo porque le hizo a otro tipo un comentario sobre sus zapatos amarillos. Estaban en el baño, me lo imaginé en el lavabo. Mi primo estaba contento de tener trabajo y una nueva novia, tanto que quería decirlo. Jesús cometió el error de mirar los zapatos del tipo y comentar algo. El tipo clavó una maldita navaja directo al corazón de mi primo. Al menos eso es lo que escuché.

Intentaba no pensar en Jesús o en Juan, o en mi padre y tíos, en sus estuches negros de negra tierra. Pero en aquellos días, cuando veía a los estudiantes de técnicas mortuorias, todos amontonados, no podía evitar pensar en ellos. Sacudí esas imágenes de mi mente mientras abría la puerta de mi apartamento. Las rosas florecían cerca de la ventana, endulzando la entrada. Sólo tenía un sofá y dos sillas, algunos libros universitarios que pensaba revender, una cama y un ropero, y fotos de la familia puestas de tal manera que casi se miraban unas a otras. Tenía un cartel de un barco navegando en el océano con su vela henchida, yendo a algún lugar. Arte barato, el tipo de cosa que se consigue en un bazar o que te dan al comprar un sofá rojo chillón en una tienda de muebles mexicanos.

Hacía calor en el apartamento. Encendí el aire acondicionado, me serví un vaso de agua fría del refrigerador y me senté con un suspiro en los escalones del porche. Me levanté y revisé el buzón: nada. Sólo una mancha de óxido rojizo en la punta de mis dedos. Nunca había nada más que propaganda y cuentas de gas y electricidad. Ni siquiera mi madre, que vivía en Merced con su hermana Gloria, la cual usaba audífonos para sordera, escribía mucho que digamos. Bebí mi vaso de agua mientras observaba a una hormiga roja arrastrando un punto blanco –el pan de su sustento–, atenazado en su boca. Me reí. La hormiga se estaba ganando la vida.

"Sigue corriendo, muchacho", murmuré. Me prometí a mí mismo echarme una carga al hombro, mantenerme alejado de problemas y andar derechito, alejado de la policía y de la refriega de *vatos* que nada tienen que hacer.

Para sobrevivir pintaba números de casas. Empecé a hacerlo luego de que un tío de Los Ángeles había dicho que se ganaba bien. Ni siquiera tuvo que mostrarme cómo. Compré pintura en aerosol blanca y negra, y esténciles. Trabajaba en la parte norte de Fresno, donde parecía haber más dinero. Los jardines eran grandes y muy verdes, y los macizos saludan con toda clase de flores en forma de puño. Casi todos eran blancos, no mexicanos. La gente ahí, en general, es más reservada, no como aquí en mi área del sudeste de Fresno. Nosotros nos sentamos en los porches, siguiendo con la mirada a cualquiera que entre en el barrio. Todos nos conocemos, nos casamos entre nosotros, y somos capaces de herirnos por asuntos sin importancia. Por mal que estén las cosas, o puedan ponerse, nosotros nunca nos suicidamos como los *gavachos* que no pueden soportarlo. Nosotros vivimos hasta el final, aun si el final es cuando tienes diecinueve años, y te desplomas sobre un piso sucio y polvoriento.

Terminé el agua y entré a lavarme la cara. Me paré frente al espejo, levanté las cejas hasta que tres líneas se marcaron en mi frente. Estudié las líneas, fisuras que se profundizarían con el paso de los años. No era un tipo inusual, ni guapo ni feo. Mi cara no era distinta de la de cualquier moreno que tuviera la suerte de conseguir un empleo en la municipalidad, la persona que recoge basura en la carretera, por ejemplo. Me eché agua fría y por un segundo imaginé que una gran ola me arrastraba. Me sequé la cara con una toalla de color anaranjado brillante, tal como el chaleco que usaría si tuviera ese trabajo en la municipalidad.

Fui al garaje por mi bicicleta. Mis cosas estaban en la canasta: las pinturas y los esténciles, un pedazo de cartón, un trapo y una cadena con candado. Dirigí mi bicicleta al patio delantero; la calle estaba desierta. Eran las once de la mañana y ya todos se habían encerrado en sus casas para huir del calor o para sintonizar telenovelas mexicanas. Monté sobre la bici, me tuve que forzar a mí mismo a irme, a empujar sobre el pedal porque, al igual que esa hormiguita roja, tenía que traer mis propias migajas a casa. Recorrí la distancia del garaje a la calle. El perro del vecino, un pastor alemán con la nariz negra como el carbón, me miró tras sus lechosas cataratas. No ladró. Simplemente me siguió con la vista como si yo tuviera algo interesante entre las manos. Pero el negocio de pintar números en las orillas de las banquetas sólo es cuestión de tocar puertas y rebajarse a preguntarle al dueño –señor o señora– si no quieren unos números pintados en su entrada. No es matemática avanzada, los mismos números se utilizan una y otra vez. Es un trabajo sencillo, el tipo de empleo que no debiera existir. Es decir, ¿quien se pierde de tal manera que no puede encontrar ni siquiera su propia casa? Hasta los borrachos se las arreglan para llegar a casa.

No llegué lejos, si acaso una cuadra, cuando escuché mi nombre: "¡Eddy!" Miré hacia atrás, sobre mi hombro, bajando la velocidad sin detenerme, porque si te detenías y era tu enemigo, tu vida se derramaría como una botella de licor ahí mismo sobre el asfalto, antes de que alcanzaras siquiera a tocarte la herida. Nunca andaba con pandillas ni me juntaba con *vatos* locos y peligrosos, pero aun así había que ser cuidadoso y rápido como un conejo, por si acaso. Una vez que te señalaban con el dedo en el estacionamiento de algún supermercado o en una sucia gasolinera, te podías dar por perdido, sin tiempo siquiera para explicar que eras un padre de familia, un buen chico, o un monaguillo con el cabello bien peinado.

Pero se trataba de Lupe, otro de los amigos de Jesús, un tipo que inhalaba pegamento y pintura con mi primo en la secundaria. Solía encontrármelos, con sus bocas pintadas de dorado y las lenguas rojas. Estaban viajando, simplemente pasando sus días sobre la tierra.

—¿Qué onda? —respondí. Mi pecho latía pesadamente como el de un sapo y los nudillos se me pusieron rojos de tanto apretar el manubrio. Así de tenso estaba. Lupe siempre traía problemas o andaba pidiéndote favores, casi siempre dinero. Si no cargabas ninguna moneda te pediría los cacahuates que llevabas en tu bolsillo.

Lupe cruzó la calle con cautela, mirando hacia ambos lados y no precisamente a los automóviles. Se cuidaba de enemigos, siempre alerta, siempre cauteloso. Nos dimos la mano. Sus brazos estaban cubiertos de tatuajes enmarañados en la parte de adentro, típico de alguien que intenta cubrir pinchazos de aguja.

—Ángel quiere verte.

Desvié la mirada por un momento. La calle se veía silenciosa, interrumpida apenas por el susurro de unos rociadores a lo lejos. Tras una de las puertas se escuchaba un bebé llorando cual sirena. Me pasé un pulgar sobre el sudor que comenzaba a caer de mi frente. El sol ardía brillante y despiadado. Todavía no llegaba el mediodía y ya intentaba sacarnos el jugo del cuerpo.

—No quiero verlo —le dije a Lupe sin mirarlo a la cara, mi cabeza ladeada para que pudiera estar atento a mi alrededor.

—Quiere agarrar al criminal que se echó a tu primo. —Lupe miró la canasta que llevaba sobre mi bicicleta. En cualquier otro momento hubiera bromeado y dicho que sólo las niñas llevaban canastas sobre las bicis, pero éste no era el momento—. Podría acabar con ese *cabrón* de un sólo golpe. Ponerlo bajo tierra para siempre.

–De ninguna manera. No quiero ver a Ángel.

–Vamos, Eddy... –Lupe extendió los brazos, implorando–. Ángel necesita tu ayuda. *¿Entiendes?*

Mi tía Dolores, la madre de Jesús, también quería que arreglara el asunto. Quería que encontrara al tipo y lo enfriara. El problema es que yo no sabía cómo encontrarlo ni cómo desaparecerlo una vez que lo encontrara. Supuse que Dios lo haría en su momento, Dios o algún pandillero. Pero mi tía insistía, llamándome y dejándome montones de tortillas envueltas en paños en los escalones de mi casa. Me comía las tortillas y guardaba los paños en un armario. Cuando llamaba, sollozaba y me rogaba que hiciera algo al respecto. No solía contestar el teléfono en esos días.

–¿Dónde está Ángel? –pregunté, luego de una pausa.

–En el parque

Los paisanos andaban casi siempre en grupitos de dos y tres en el parque Holmes, sentados a la sombra o mirando a cualquiera que les pareciera extraño. Los Hmongs preferían andar por Romain, sabían que les convenía mantenerse alejados, y los negros tenían mejores sitios adonde ir, dando vueltas en círculos con sus autos ruidosos en el lado oeste de la ciudad. A la mayoría de los blancos ni se les ocurría pasar por ahí, y si lo hacían tenían un aspecto tan mexicano, por su forma de vestir y su actitud, que se parecían a nosotros. Los otros blancos, los que parecían modelos de tiendas de vestir, venían por las noches a jugar beisbol en nuestros diamantes de primera categoría. Entonces aparecían los árbitros, acompañados de policías con cascos azules como el cielo.

–Ese es mi mensaje, carnal. No tengo nada que ver en esto.

Lupe me pidió que me tranquilizara y se fue trotando ligeramente, alzándose los pantalones al alcanzar la acera. Lo vi perderse en un callejón. Pensé que algún día, tal vez pronto, entraría en ese callejón y no saldría nunca más, desapareciendo entre los vapores de otro caluroso día.

Me dirigí hacia el parque Holmes y por un momento pensé en la hormiga roja cargando la miga blanca. "No te equivoques –me dije a mí mismo–, Ángel es un delincuente".

Pedaleé al parque, un Club Med para aquellos que no tenían nada que hacer o que ya habían cumplido su condena. El mediodía resplandecía como un puñado de monedas. El sudor oscureció mis axilas; rodó bajo la camiseta y bañó mis pies dentro de mis desvencijados zapatos. Para cuando llegué al estacionamiento del parque, me había convertido en el río Ganges, mugriento y apestoso.

Ángel estaba sentado sobre una mesa verde de picnic, solo, meciendo sus piernas como un acordeón. Tenía puestos sus pantalones verdes cortados en las rodillas, como los que usan los jardineros cuando riegan el patio con una manguera. Pero Ángel no era ningún jardinero. Se la pasaba en casa, sus ojos pegados al televisor, una pistola en el cajón y un crucifijo colgado alrededor del cuello. Cuando necesitaba dinero, robaba o estafaba a alguien.

Ángel me miró fijamente. Tenía dieciocho años y había dejado la escuela; era el tipo de persona que disfrutaba de emborracharse, más que todo con cerveza, y fumar hierba que lo envolvía en su dulce aroma. Pero en ese momento Ángel olía a colonia y su aliento a menta. Lanzó los brazos hacia arriba.

–*Y qué*, Eddy, ¿dónde has estado?

Me senté a horcajadas en la bicicleta, sin quitarle la vista de encima, midiéndolo. Llevaba el cabello relamido. Era un tipo escuálido, a diferencia de Jesús o Lupe, que eran pequeños pero de buenas espaldas. Ángel era un maldito, escurridizo. Había estrellado bates de béisbol en otros tipos, casi siempre Hmongs, y aun así se las arreglaba para comer sus tortillas en paz y dormir bien.

—Jesús se ha ido, *homes* –le dije mientras estiraba el cuello de mi camiseta, para aliviar el calor.

—Alguien enfrió a *mi carnal* –dijo Ángel–. Era tu *primo*. Te tenía mucho respeto.

*Respeto*. Esa palabra había llevado más gente a la tumba que la palabra *amor*. Una mirada despectiva, un escupitajo, un pequeño empujón de hombros y venía el "*¿Y qué?*", y te podías quedar duro, blanco y frío como un lavabo.

—Se ha ido. No puedes traerlo de regreso.

—Nunca dije que fuera el doctor arreglatodo, *homes* –dijo Ángel. Su aliento despidió aroma de menta pero sus palabras no tenían nada de dulces–. Lo que digo es que agarremos al tipo para que Jesús y él queden iguales.

—¿Empatados?

—Sí Eddy, empatados –Ángel palmeó su rodilla y rió. Soltó el tipo de carcajada que te hace sacudir los hombros. Balanceó las piernas, levantó la cabeza e hizo muecas al cielo. Volvió a reír y luego escupió–. Siempre fuiste demasiado bien portado. Desde que entraste a la escuela y usabas *esos pantalones* de niño blanco y hasta ahora, *homes*. –Sacudió la cabeza y dijo–: Jesús hablaba de ti todo el tiempo, de cómo le prestabas dinero y cómo lo ayudaste cuando andaba hecho un desastre. Estuviste junto al paisano, lo ayudaste con ese infeliz de Carlos. Jesús era tu *carnal*.

Quería insultar a Ángel, pero me aguanté. "*Pinche cabrón*", pensé. Me bajé de la bicicleta, la apoyé contra el árbol que daba sombra a la mesa, y me trepé junto a él. Nos sentamos en silencio. Arranqué una astilla de la mesa y la torcí entre mis dedos; una espina que había conocido desde mi infancia, cuando me la vivía en los columpios y los pasamanos. Ahora los niños ruidosos –todos moreno brillante, todos delgados con las puntas de los huesos sobresaliendo bajo la piel– estaban ahí, meciéndose alto, riendo, y bajando con caras serias. Risa, cara seria, risa, cara seria. Como la vida misma: un minuto sin poder parar de reír y al minuto siguiente sin nada que hacer.

–Me gustaría un refresco –comentó Ángel vagamente, sus brazos descansaban sobre las rodillas.

Miraba a tres niños con sandalias de goma, chancleando uno detrás de otro en fila india, mientras cruzaban, con sus toallas bajo el brazo, el recién regado campo de beisbol. Iban a remojarse en el chapoteadero. Yo había sido uno de esos niños, al igual que Ángel, Jesús y Lupe, todos con los pelos parados y endurecidos por el cloro del agua. Todos habíamos reptado como lagartos color de barro en esa piscina poco profunda. Reptábamos porque no era lo suficientemente honda como para llegarnos al ombligo. Evolucionamos del siseo del reptar de un lagarto a erguirnos como dinosaurios, con nuestras garras listas para atacar. "Dinosaurios", pensé. "Eso es lo que somos. Demasiado viejos para andar en pandillas y demasiado jodidos para conseguir buenos empleos". Este pensamiento me hizo sonreír, mientras veía a los chicos en sandalias que les golpeteaban los talones a cada paso, el castigo por ser *raza*.

–A mí también me gustaría un refresco. Una malteada.

–Ésa es una bebida de niñito de primaria.

–Supongo que estoy en primaria –le contesté. Tiré la astilla en forma de espina y vi una bolsa arrugada de frituras debajo del banco en que estábamos sentados. Otra comida que aún no había superado.

–Tengo que trabajar, *homes*.

–¿De qué? –preguntó Ángel de mala manera, señalando mi canasta con latas de pintura, esténciles, paños y cartón. Sus ojos se avivaron, como si estuviera nervioso–. ¡Botes de pintura! Qué pasó, ¿todavía no lo dejas?

–Es un trabajo sencillo el que tengo. Y no inhalo pintura. –Me agarré la boca (esa cosa que las más de las veces me metía en problemas) con los dedos y la apreté para que mis labios sobresalieran como una flor–. ¿Acaso ves pintura?

Ángel bajó la cabeza, y pude ver que estaba mirando la bolsa de frituras.

–Creo que conozco al tipo –murmuró sin alzar la mirada.

Me le quedé viendo. Tenía una araña tatuada cerca de la garganta, justo debajo de una arteria que palpitaba. Me imaginé a esa araña alimentándose de sangre, día y noche.

–No quiero saberlo –dije–. No me sirve de nada.

–¿Tienes miedo? –Alzó la mirada.

–No, pero Jesús se ha ido para siempre y no puedo hacer nada al respecto.

Ángel agachó la cabeza, escupió, y no levantó los ojos cuando me senté en mi bicicleta y le dije:

–Está enterrado, amigo. Déjalo descansar en paz. Quienquiera que enfrió a *mi primo*... Morirá tarde o temprano.

En el lado norte de Fresno viven principalmente blancos, algunos morenos por acá y uno que otro negro por allá. También coreanos y vietnamitas con sus cargamentos de auténticos genios. Sus avenidas llenas de tiendas, el destello de las distribuidoras de autos nuevos con sus banderines languidecientes, tras los aparadores, refrigeradores alineados como robots, y más allá de la calle principal, casas más bonitas, aun cuando sus dueños padecen la gran preocupación universal humana: cómo conseguir dinero. En eso pensé yo también después de que dejé a Ángel, ahora que sólo me quedaban algunas monedas en el cenicero de casa. Atravesé una urbanización tan nueva que los patios delanteros parecían estar repletos de madrigueras de tierra húmeda. Iban a plantar arbustos y árboles y, en *mi loca* imaginación, a enterrar sus cebollas. De esta manera, podrían llorar sus tristezas ahí mismo en el jardín. Y decir: "Yo ya tengo mi cebolla, consigue la tuya". Sonreí y me limpié el sudor de los ojos.

Conduje mi bicicleta con una mano, girando mi cabeza de un lado a otro como un rociador, izquierda, derecha, luego izquierda de nuevo. Buscaba una casa que abordar. Encontré una casi de inmediato. Un hombre mayor, blanco, con unos bermudas puestos, jugueteaba con algo en un garaje oscuro. Me acerqué hasta la acera y me detuve a cierta distancia. No me escuchó venir. Siguió jugueteando con la cosa en su garaje y luego se tocó el trasero.

–Buenas tardes –llamé, intentando sonar alegre. Mi cabello era un pantano de sudor y grasa.

Se volvió hacia mí con lentitud. Su rostro estaba sonrosado del calor, y se veía tan viejo que el asombro o el desconcierto ya no hacían impacto en su cuerpo. Caminó hacia mí, lentamente, tambaleante, con piernas frágiles como una araña cuando la molestas con un lápiz.

–Buenas tardes –volví a decir, esta vez agregando "Señor" con un tono de amabilidad.

Habrá tenido unos setenta y cinco años. El rosado de su rostro provenía de las venas reventadas, síntoma de los bebedores, o de aquellos que lo han sido. No te pones así tomando sólo refrescos o té frío con azúcar.

–¿Sí? –gruñó.

–Estoy pintando los números de las casas en su vecindario.

–¿Cómo dijo?

Estaba intentando descifrar el asunto, lo que yo quería decir sobre pintar el borde de las banquetas y quizá dónde se encontraba él. Posiblemente también se preguntaba quién era. Su mente eran cubos y agujeros, y sus ojos estaban vidriosos por algo que se había hecho a

sí mismo hacía mucho tiempo, o tal vez esta mañana –quizá un trago de bourbon de su mesa de servicio. Señalé la banqueta y grité:

–Estaría bien que la gente supiera donde vive usted.

–Aquí es donde vivo.

–Así es, señor. Aquí vive, pero necesita unos números en la orilla
de la banqueta, su dirección.

–La banqueta está muy bien. Vino con la casa.

Sabía que sería una venta difícil y pensé en irme, dejar que mi bicicleta bajara de la acera a la calle y se deslizara hasta que yo no fuera más que un punto paseando en la superficie de sus pupilas. Miré
sobre su hombro. Me percaté de que intentaba mover algo sobre una
pequeña carretilla.

–¿Necesita ayuda? –le pregunté señalando con un movimiento de
la barbilla.

Sus ojos se humedecieron, y no pude dejar de pensar que tal vez
había respirado la cebolla de la tristeza durante toda su vida. Claro
que tenía una casa, posiblemente niños. Claro que tenía una esposa
y un buen empleo. Pero sus ojos estaban húmedos. Ya no podía más.
Había comprado su última casa, una nueva con aspersores automá-
ticos, y ahora iba a beber de un vaso sobre su mesa de servicio desde el mediodía hasta la noche.

–¿Necesita ayuda? –insistí. Desmonté de la bicicleta y bajé el pedestal de una patada. Le comenté lo caluroso que estaba el día mientras jalaba la parte delantera de mi camiseta.

–¿Necesitas trabajo?

Sonreí. Finalmente captó la idea.

–Sí, cualquier cosa. Sacar malezas o excavar. –Noté grandes rollos de aislante rosa apilados como llantas y señalé–: También podría colocarle eso, si quiere.

–¿Qué?

—El aislante.

Lo miró e hizo un gesto despreciativo con la mano. Me dijo que ya había sido colocado y que pensaba vender los rollos sobrantes.

—Cualquier tipo de trabajo —le dije. Me metí a la sombra del garaje, desde donde podía ver a su esposa regando un arbusto recién plantado en el patio trasero.

—No tengo mucho —respondió, volviéndose despacio, como un soldado de hojalata, a mirar su carretilla. Estaba medio metida debajo del aire acondicionado—. Intento llevar esto a la banqueta y hacer una pequeña venta esta tarde. Pertenecía a mi antigua casa.

El hombre despedía olor a trago. Su mano estaba salpicada de manchas por la edad, y su piel era tan delgada como la de la cebolla. Si le pusieras una linterna en cualquier parte podrías ver la sangre, los huesos y las venas bajo su piel.

—¿No te gustaría comprarlo? —Sus ojos brillaron por un instante.

—Escuche —repliqué, avergonzado y desesperado a la vez—. Lo moveré por un dólar. —Estaba harto de que no me escuchara, de que no captara lo que le estaba diciendo.

—¿Lo moverás?

—Por un dólar.

Me analizó a través de los lentes con sus ojos humedecidos. Los cubos y agujeros de su pensamiento estaban volviendo a la vida. Se limpió las lágrimas con el dedo pulgar. Al ver que asentía con su cabeza, rápidamente coloqué el aire acondicionado sobre la carretilla y conté para mí mismo: "uno, dos, tres", empujándolo hacia atrás.

—Hágame lugar, por favor —le dije.

Equilibré la carga de hojalata galvanizada y freón sobre la carretilla y la rodé por el pasto hacia a la calle. La puse suavemente sobre la acera, mirándola por un instante. Tuve la impresión de haberla movido tan rápido que mi esfuerzo y mi maniobra no valían un dólar. Sin embargo, deduje que el haber cuidado de que el aire acondicionado no se dañara, añadía valor a mi servicio.

El hombre se me acercó.

—Oiga, mi esposa está allá atrás. —Señaló vagamente hacia el techo de la casa. Pero en el momento en que se volteó, como una araña, la esposa estaba parada en la entrada del garaje, con una pala de juguete en la mano, del tipo que regalan en la Pascua en una cesta con dulces, pasto de mentiras, y huevitos brillantes de colores.

—Larry, ¿qué estás haciendo? —preguntó.

El hombre se enderezó, agitando el brazo violentamente.

—Estoy vendiendo el maldito aire acondicionado.

—No, no lo harás. Se lo prometimos a Bárbara.

—Nunca.

Eso pensé yo en ese momento. Ahí estaba, parado al sol, una mano en la carretilla y la otra colgando a mi costado como una anguila sin vida. Quería mi dólar y quería largarme. Mi bicicleta estaba parada bajo el sol, y temía que las pinturas en aerosol estallaran con el calor.

La mujer se acercó con pasos lentos y amplios, y de pronto los tres nos encontrábamos terqueando sobre el aire acondicionado. Discutieron sobre el bendito artefacto, ambos soltando andanadas de aliento alcohólico. Me alejé para mirar el borde de la acera calculando el lugar donde pudiera colocar mis esténciles y pintar los números. Al menos me daba algo que hacer mientras los otros terminaban de discutir.

—Señor, me tengo que ir —dije, al fin—. ¿Me puede dar mi dólar?

Me miró con sus ojos húmedos; detrás de la humedad, una imagen de mí como un punto de luz en el fondo de sus retinas. No pareció entender mi pregunta.

—Mi dólar, señor.

Su esposa lo miró.

—¿Qué le prometiste a este muchacho?

—Movió el aire acondicionado. —Su voz era una disculpa.

—Le pertenece a Bárbara. —La señora se volvió hacia mí, profiriendo—. Este hombre es un viejo tonto.

En ese momento, con la cabeza gacha, cogí mi bicicleta y la rodé hacia la calle, sin mirarlos. Eran las tres de la tarde y necesitaba algo que ellos tenían pero no estaban dispuestos a soltar: dinero.

Encontré trabajo esa tarde, seis casas prácticamente una detrás de otra, todas nuevas con jardines a medio terminar y orgullosas de tener sus números en la entrada. Los niños me miraban. Los perros metían sus largos hocicos entre mis piernas. Yo era un joven trabajando. Casi lloro por tanta atención. Me tomé dos refrescos y un té frío, y luego, agradecido, apunté números telefónicos para futuros trabajos de jardinería. Me enfilé a casa al atardecer, con mis nudillos marcados de pintura blanca y negra, como una bandera pirata. Me sentía cansado pero feliz. Tenía dinero en el bolsillo, y las monedas tintineaban como panderetas con su alegre música mientras pedaleaba.

Estacioné mi bici en el garaje, lo cerré con llave, y bebí un largo trago de la manguera del jardín antes de caminar lentamente a mi apartamento. En la entrada había un paquete de tortillas envueltas en servilletas enviadas por mi tía. Las recogí y las apreté contra mi pecho, tibias como un cuerpo. El teléfono estaba sonando. Era mi tía que también quería venganza, también quería que me deshiciera de alguien para siempre, que lo pusiera en una tumba. No era suficientemente malo el que tuviéramos que vivir entre los vapores de cebollas enterradas y míseros empleos. Necesitábamos morir. ◆

# Capítulo 2

◆ PUEDES rezar y algunas veces Dios escucha. Otras, se encuentra lejos, en India o en África, o tal vez cerca de casa, en Fresno, su cuerpo desparramado en el piso y vidrios a su alrededor luego de un tiroteo. Quizá las paredes estén rasgadas por el explosivo vómito de una semiautomática, las mesas y las sillas volteadas, las entrañas de algodón del sillón derramándose y un retrato chueco del presidente Kennedy. El Presi mirando al cielo, como preguntándose, "¿Y ahora qué?"

¿Qué hacemos con Dios y todas las *movidas* en este planeta? ¿Qué hacemos con un bromista de buen corazón como Juan, cuando su cabeza ha sido planchada por uno de esos gigantescos rodillos industriales? Él hizo exactamente lo que se le dijo, lo que la Biblia y su familia le pidieron: anda derechito en la vida y trabaja. Tenía que reírme de esto. Si el trabajo duro es el camino a la salvación, el cielo debe estar atiborrado de gente de Fresno.

–Ángel, pandillero delincuente –susurré mientras retorcía mi cabeza sobre la almohada, no, no, no. Era todo menos un ángel. Pensé en lo miserable que era, hasta el crucifijo que colgaba de su cuello era robado. A veces cuando lo veía, deambulando por el parque o en el centro comercial en el norte de la ciudad, jugueteaba con la cadena de oro entre sus dientes y nuestro Salvador colgaba como adorno navideño frente a sus labios.

Pensé en Dios y en Ángel, mientras estaba tumbado en la cama, despatarrado con las piernas y brazos como alambres. Cuando sonó el teléfono, salté de la cama, pero no me molesté en contestar. Sabía que era mi tía, sentada a la mesa de la cocina, con una taza de café y una dona glaseada al alcance de su artrítica mano. Caminé de puntillas por el piso fresco hacia la cocina y pensé en sus tortillas, tres que me había comido la noche anterior y las otras tan duras como un frisbi. Me preparé un sándwich de mortadela con el aspecto de un maltrecho zapato marrón. Llené una gran bolsa de papel con Fritos, mi almuerzo favorito desde que era niño, en la primaria, y aún mi preferido.

Una de las orillas de acera que había pintado el día anterior pertenecía a un señor llamado Stiles. Prometió darme más trabajo, cavando un hoyo y haciendo algo de jardinería.

"Tengo empleo", canturreé para mí mismo.

Salí corriendo de la casa, mordisqueando un plátano. Hurgué en mi bolsillo y saqué la dirección, en un arrugado pedazo de papel. "Señor Stiles", murmuré para mis adentros y recé. "Señor Stiles, querido Salvador, por favor házmela buena". Guardé la dirección en mi bolsillo y salí conduciendo por la cuadra, aún fresca por las sombras. Los aspersores golpeteaban sus chorros de agua dosificada sobre los céspedes secos.

Cuando llegué, el señor Stiles estaba tomando café e inspeccionando su jardín, el cual tenía un pequeño montículo que pensaba cubrir de flores, rocas ornamentales y un árbol. Me saludó con la mano cuando me vio venir. Vestía unos Levis desteñidos en los muslos y una camiseta blanca.

—Buenos días, Eddy —dijo.

—Buenos días, señor Stiles —lo saludé, feliz de que recordara mi nombre. Me bajé de la bici y la llevé hasta la sombra del garaje. "Tengo trabajo", pensé.

–¿Es ahí donde quiere el hoyo? –Señalé el montículo de tierra que había mandado traer.

Caminó hacia el montículo y se paró encima, su sombra como un asta detrás de él. Echó la cabeza hacia atrás mientras empinaba su café y luego saltó una y otra vez, sonriendo, levantando nubes de polvo con sus botas de trabajo. Sabía que él imaginaba cómo florecería la casa y sus vecinos se detendrían a admirarla. Era un buen sueño de mediados de mayo.

–Voy a plantar un abedul –dijo mientras descendía.

Le pregunté acerca del árbol, y me dijo que era del tipo que crecía en Nueva Inglaterra, particularmente a lo largo de los sombreados recodos de los murmurantes arroyos. No podía imaginar tal lugar. No podía imaginar un lugar donde el sol no royera mis ojos, donde no los atacara con su apetito brillante, haciendo que mis pupilas tuvieran que ajustarse a cada momento. Cerré los ojos y por algunos instantes me pregunté qué hacía un árbol así en Fresno. No había ríos que serpentearan a través de la ciudad, y ciertamente no teníamos nada en común con Nueva Inglaterra, salvo un barrio llamado Connecticut Meadows. No pude evitar reírme, porque la mayoría de la gente que vivía ahí era coreana.

El señor Stiles me pidió que cavara en el lugar donde él había estado parado. Subí al montículo de tierra suelta, el cual me preocupaba se deslavara calle abajo con una lluvia fuerte, otro sueño más que se escurría. Pisé firmemente y pregunté.

–¿Aquí?

–Exactamente.

Saqué la pala del garaje y me puse a trabajar. Comencé a cavar frenéticamente porque el señor Stiles me estaba observando y quería demostrarle lo bien que hacía mi trabajo. Era capaz de seguir así un buen rato, excavando, porque tenía que ganarme la vida y había leído más de cien veces el cuento del trenecito que llegó lejos. Ése era yo, un tren con vagones vacíos pero un cabús de problemas. El señor Stiles me observaba, y cuando se volteaba bajaba el ritmo un poco, porque una cosa es trabajar y otra es morir en el intento.

El señor Stiles se metió en el garaje y disminuí el ritmo aún más, el carbón de mi entusiasmo extinguiéndose. Cavé a un paso constante, sólo deteniéndome para limpiarme el sudor con la manga de la camisa.

Mientras el señor Stiles y yo habíamos estado haciendo planes para el jardín, un niño en un triciclo iba y venía de la cochera a la entrada repetidas veces. Ahora, el chico se dirigía hacia mí. Se detuvo y me preguntó qué hacía. Una caja de galletas de animalitos se columpiaba del manubrio.

—Estoy plantando un abedul en este montón de tierra —le dije—. ¿Sabes lo que es un abedul?

El chico negó con la cabeza.

—Es un tipo de árbol que le gusta a la gente de Nueva Inglaterra. ¿Sabes dónde está Nueva Inglaterra?

Movió la cabeza de nuevo.

Le conté acerca de los arroyos y los abedules. Le conté de cómo los venados comían de los abedules, y de que eran tan amigables que les podías acariciar la cabeza. No sé de dónde rayos habré sacado todo eso, pero estaba hecho un verdadero Robert Frost. Hablar de las hojas verdes y el agua de los arroyos parecía apagar mi sed.

—Yo vivo ahí —dijo, señalando una casa con el dedo. Luego añadió—: "Perra" es una mala palabra.

Me quedé seco, con mi cara marrón como una bolsa de papel de estraza.

—Dije *tierra*, nunca dije la otra palabra. —Pensé en policías con cascos azules. Pensé que mejor me lo tomaba en serio, no quería que su mamá se quejara con el señor Stiles.

El niño deslizó una galleta de animalito en su boca: "un hipopótamo", pensé. Me miró fijamente con sus ojos azules, sus fosas nasales oscuras como dos agujeros negros.

–*Perra* es una grosería, hombre –chilló alejándose en su triciclo, sus rodillas regordetas de arriba abajo sobre los pedales. Lo vi meterse en un garaje, a tres casas de distancia.

Trabajé toda la mañana, primero en el montículo donde iría el abedul y luego en el patio trasero, donde pensaban sembrar ciruelos y duraznos. En uno de los agujeros, mientras batallaba de rodillas con un desplantador, descubrí un bulbo en forma de cebolla, quizá la fuente de todo nuestro llanto. Lo examiné y me di cuenta de que no era una cebolla, pero aun así reí para mis adentros y dije: "Señora Cebolla, morirá". Corté el bulbo en dos y lo vi sangrar lágrimas cristalinas. Me lo acerqué a la nariz. No olía a cebolla, apenas un aroma a tierra que me recordaba el trabajo y nada más.

Me afané como un esclavo ese día y el siguiente, excavando casi siempre, porque el suelo estaba duro y el señor Stiles tenía prisa por terminar el jardín antes de julio. El señor Stiles era una buena persona. De tanto en tanto me traía vasos de té frío o refresco. Preparaba sándwiches para los dos, siempre acompañados de una cesta roja de plástico con papas fritas.

El tercer día, cuando llegué, estaba en el garaje y lo noté alterado, de mal humor.

–Buenos días, señor Stiles, –dije, pensando que necesitaba un saludo para animarse. También pensé que tal vez se había terminado el trabajo y ya no me necesitaba. Me había pagado treinta dólares al final de cada día. Con ese dinero llené mi despensa de latas de sopa, pastas instantáneas, puré de manzana y cajas de gelatinas con los colores de la bandera mexicana. Estaba preparado para la vida, listo para excavar hasta la China, por una cantidad justa de dinero.

–Eddy –dijo calmadamente mientras caminaba hacia mí, con la cabeza baja. Olía a colonia y a café. Junto a su ojo izquierdo pulsaba una vena roja–. Eddy, mi vecino dice que le dijiste... una mala palabra.

Bajé el pedestal de la bicicleta, confundido. Jalé el frente de mi camiseta para refrescarme.

–El hijo de la vecina. Su madre está molesta conmigo.

Me imaginé al niño con sus galletas de animalitos. "Pequeño bastardo", pensé, sintiendo como si cada hoyo excavado se hubiera desmoronado y tuviera que hacer todo de nuevo.

–No sé de qué está hablando, señor Stiles, no suelo decir groserías.

– La señora estaba muy molesta cuando me lo dijo –respondió el señor Stiles–. Tratamos de llevarnos bien en este vecindario.

–Señor, lo que le dije es que yo, es decir, usted, estaba sembrando un árbol en el montículo de tierra. –Me detuve por un instante, sentí cómo el sudor de mis ocho kilómetros en bicicleta se mezclaba con el destilado de mi miedo transformándose en una poderosa poción. No sabía si debía usar aquella palabra. Finalmente lo hice–. *Perra*. Eso es lo que él escuchó. Fue un malentendido, señor.

–¿*Perra*?

–Así es. Le dije que usted estaba sembrando en el montículo de *tierra* y él escuchó esa otra palabra.

El señor Stiles me miró fijamente. Sentí que un escalofrío florecía en mi nuca. Estaba asustado, asustado de una manera aterradora al pensar que el niño del triciclo podría llegar a convertirse en policía algún día.

No me despidió, y seguí trabajando porque yo necesitaba dinero y él a alguien que le hiciera las cosas por una bicoca. El señor Stiles y yo fuimos a casa de la vecina para explicarle el malentendido. La mujer no cedió hasta que le dije seis o siete veces que tenía sobrinos y sobrinas, y que estaba muy en contra de maldecir o decir groserías. Finalmente, el asunto se resolvió, mientras el pequeño infeliz se colgaba de los pantalones de su madre.

Trabajé todo ese día y el siguiente, sintiendo el calor del sol sobre mi espalda. Trabajé con un mazo, picando pedacería de hormigón que el señor Stiles convertiría en un patio con lámparas chinas.

El jueves, coloqué la pedacería de hormigón para el señor Stiles, quien había retomado la actitud de "adelante y hasta el final" del primer día. Me escuchó detenidamente mientras le contaba acerca de mis estudios en aire acondicionado, una mentira que chasqueó de mi lengua como la cola de una lagartija. No le dije que había dejado la universidad, y que estaba esperando el momento para revender mis libros de texto, cuadrados como una losa e igual de pesados. Pero le describí mi ambición con tal seguridad y certeza, que empecé a creer que algún día estaría ajustando los tornillos de los aires acondicionados en las azoteas. Quería que supiera que tenía una meta en la vida, así fuera llegar al techo.

Un buen día, el señor Stiles me dijo:

—Quiero que lleves unos desperdicios al basurero municipal.

Enterré la pala en el suelo, clavada como una lanza, en el lugar donde iría un elegante macizo de flores. El sudor me caía de la frente y el polvo me cubría la cara.

—¿Supongo que tienes licencia de conducir, no? —preguntó.

Me di una palmadita en el bolsillo trasero y respondí:

—Claro que sí.

Había cargado su camioneta Toyota con trozos de madera, alambre de gallinero, ladrillos rojos resquebrajados, botes de pintura, brochas endurecidas, tres llantas gastadas, y marañas de maleza. Me dio las llaves y un billete de veinte dólares para la cuota de descarga de desechos.

—Pide un recibo —me dijo. Sus ojos relucían más azules que nunca y su colonia refrescaba el cálido día con su fragancia.

—Así lo haré —respondí—. Pero las llantas le costarán.

El señor Stiles asintió. Sabía que costaba tres dólares tirar cada llanta. Ya había calculado eso, y también el tiempo que tomaría todo, la manejada, descargar y el regreso: una hora y media a lo sumo. Luego de haber trabajado para él durante cinco días, supuso que era un tipo íntegro que iba por el buen camino.

La había regado mucho en la escuela, me había atascado con cerveza y a veces con solventes. Pero ahora quería que Dios bajara y me enderezara con sus tenazas doradas. Quería un trabajo como las demás personas, quería alejarme de *homies* como Ángel y Lupe y los demás pandilleros del parque Holmes.

—Vuelvo enseguida —dije, casi saludando al estilo militar. Estaba contento de que alguien confiara en mí, y de hacer otra cosa que no fuera subir y bajar una pala.

—Cómprate un refresco.

Me tendió un dólar en monedas.

—Gracias —dije, tintineando las monedas alegremente en mi mano—. No tardaré.

Subí al camión de un salto. Me asomé por el retrovisor, seboso de huellas digitales y lo ajusté. Mi cabello estaba polvoriento. Una línea de barro en la esquina de mis ojos, mezcla de polvo y sudor. Parecía como si hubiese estado llorando barro, como si mi interior fuese una laguna negra. No me molesté en limpiarme la cara.

Partí hacia el basurero municipal. La pesada carga hacía rebotar y bailar al camión mientras ponía el radio a todo volumen, una mano sobre el volante y la otra marcando el ritmo sobre el muslo. Cuando obtuve mi licencia por primera vez a los diecisiete años, solía recorrer Fresno en el Dodge Swinger de mi mamá. Ese carro tenía radio, y Fresno tenía una estación de vieja pero buena música y, ¿qué podía ser mejor que pasear en auto y mirar a las chicas? El carro era horrendo. Había que sostener la bocina en el tablero. De otra manera las canciones sonaban como alguien interpretando *Good Vibrations* con un peine cubierto con papel encerado.

Seguí por First Street, donde se ubicaba el parque Holmes. Sonreí y murmuré, "Esos holgazanes se van a ir de espaldas cuando me vean".

Pasé lentamente por el parque Holmes, estirando el cuello mientras buscaba a Ángel o alguno de los otros tipos. No vi a ninguno de mis amigos rufianes ahí. El lugar estaba vacío como un cementerio; el césped lucía de un verde profundamente lejano. Le di la vuelta al parque, pero no encontré a nadie. Sólo una mujer con su bebé, sus oscuras cejas arqueadas. Pensé en tocarle la bocina pero mis manos se mantuvieron pegadas al volante, los nudillos blancos como un hueso.

–Pinche Ángel –murmuré–. Seguro ahora estará metido hasta la cintura por la ventana de alguien. –Imaginé sus piernas pataleando en el aire mientras se deslizaba, semejando una lagartija o comadreja, o una víbora quizá, con un roedor atrapado en la boca. Así era Ángel, una criatura rapaz.

Conduje hasta el tiradero de Orange Avenue, donde se elevaba, visible a varios kilómetros, la bandera de Estados Unidos sobre una montaña de basura.

–¿Qué trae ahí, joven? –preguntó el hombre con ropa de faena desde una pequeña caseta con el tamaño, forma y olor de un retrete. No se molestó en mirar la parte de atrás de la camioneta.

–Malezas, ladrillos y... –comencé a decir. Pensé en mentir acerca de las llantas y los botes de pintura, pero decidí ser honesto a medias. No mencioné los botes–. Y tres llantas.

El hombre sacó la cuenta con sus dedos regordetes como salchichas de ternera.

—Tres, seis, nueve, ocho por botar la basura. Diecisiete dólares. Impuesto municipal. Dieciocho dólares con treinta y cinco centavos.

Casi me paré en la cabina de la camioneta mientras hurgaba en mis bolsillos y sacaba el billete de veinte dólares.

—Necesito que me dé un recibo.

El hombre me miró extrañado, como si estuviera pensando, "¿qué va a hacer un mexicanito como tú con un recibo?" Yo sabía que si no se lo pedía, se embolsaría todo el dinero para él, o al menos una parte, ahí mismo frente a la bandera de los Estados Unidos.

—De acuerdo, patrón. —Sonrió y pulsó una caja registradora que escupió un recibo.

Ignoré su sonrisa racista de gringo sureño, y conduje por el resbaloso y accidentado sendero de basura, siguiendo las señales que decían: ADELANTE. Algunas gaviotas de tierra departían sobre un colchón destrozado, golpeando los picos contra latas de metal. Un pastor alemán de basurero yacía aturdido a la sombra de unas llantas apiladas, sobrecogido por este sitio infernal que le tocaba cuidar y que era su casa.

Bajo el sol de finales de primavera, el lugar apestaba a recortes de pasto y basura podrida —huesos de pollo, hamburguesas a medio masticar, cartones de leche, latas de atún—. Todo lo que la gente pone en sus platos y luego desecha.

—*Fuchi* —me quejé al aire. Tuve que apretarme la nariz y respirar por la boca.

Encontré un lugar y vacié la carga. Tiré los ladrillos y las llantas. Saqué las malezas con un rastrillo de metal. Lancé los botes de pintura y ya estaba listo para partir, cuando de pronto avisté un refrigerador como los de cuarto de hotel sobre un sofá despedazado.

–Genial –murmuré mientras caminaba cual astronauta sobre una capa esponjosa de basura podrida. Abrí la puerta del refrigerador tres veces, y cada vez escuché cómo cerraba perfectamente, con el límpido sonido de un beso.

Luego de cargar el refrigerador, salí del tiradero subiendo la larga y resbaladiza colina con algunas moscas recargadas en mis hombros como camaradas. Dije adiós con la mano al tipo de la oficina y conduje el Toyota hacia Orange Avenue. Si mi camioneta hubiera traído zapatos, le habría quitado la basura apestosa de la suela a pisotones. En cambio, decidí pelarla. En el primer letrero de alto frené bruscamente, con un amarrón, y se desprendió parte de la suciedad de las llantas. Ya estaba en camino.

Manejé de regreso, con el radio a todo volumen y el viento golpeando contra mi brazo recargado sobre el borde de la ventanilla. Estaba nervioso por retrasarme, pero me detuve en mi apartamento para descargar el refrigerador, una verdadera "pieza del mes" en una venta de garaje. Mi vecina, la señora que vivía en la otra mitad del dúplex obstruía la entrada con su Buick antiguo. Estacioné la camioneta en la calle y corrí hacia mi apartamento.

–Dinosaurio –le grité al carro, golpeteando el parachoques con la palma de mi mano. Eché un vistazo a la ventana de la señora Ríos, mi vecina. Parloteaba con una amiga. Las imaginé partiendo donas por la mitad y remojándolas en cremoso café, unidas en la sagrada comunión del chisme.

Abrí mi apartamento y una oleada de calor me hizo retroceder.

–Largo –le dije a la mosca del basurero que se había quedado pegada a mi hombro. Su panza estaba cargada con basura de la buena.

Tomé un trago de agua fría del refrigerador, me cambié la camiseta y me lavé la cara. La tierra caía por mi rostro como migas de goma de borrar. Hasta me lavé los dientes, temiendo que las bacterias que flotaban en el basurero se hubieran colado en mi boca para, desde ahí, arruinar mi salud. Bebí más agua y escuché a mi vecina festejando su buena racha durante las últimas dos semanas en el bingo de la Iglesia. Era una enfermera retirada que me había curado una vez, después de una pelea en el parque. Me habían pegado con un palo en el tabique nasal y en una oreja, además de un par de golpes que recibí en la espalda persiguiendo a un tipo con una botella de cerveza rota. La señora me limpió la sangre, mientras decía "Ay, Dios" una y otra vez.

Salí del apartamento saltando como un niño. Corrí hacia la calle, pero casi caigo de rodillas cuando descubrí que la camioneta Toyota no estaba. En su lugar sólo había un vapor que pudiera haber sido calor o cebolla. Busqué por toda la calle, el corazón me latía desbocado, mirando de un lado al otro. "¡Maldita sea! Apenas me alejé un minuto", susurré angustiado. Corrí hasta la esquina y miré primero a la izquierda y luego a la derecha. La camioneta bajaba rápidamente por la avenida con mi refrigerador en la parte trasera. No pude ver al conductor, pero era mexicano, sin duda alguna, su brazo moreno apoyado en la ventana, ya se sentía a gusto con su nueva máquina. Imaginé cómo ajustaba el volumen del radio y revisaba a tientas la guantera: lápices y plumas Bic, linterna, cinta adhesiva, fusibles y un puñado de cerillos. Visualicé al ladrón tragándose una cajita de pastillas de menta que había encontrado.

No había manera de alcanzar el camión ni de recuperar esos desdichados momentos que pasé frente al espejo del baño peinándome. Me jalé el pelo hasta que quedó tieso como una espiga negra. Desesperanzado, grité con el aire que me quedaba en los pulmones: "¡Maldito vicioso de cuarta!"

Caminé lentamente hacia el patio delantero de mi apartamento. Me paré sobre el césped, mientras un gorrión buscaba a su gusano sustento. Saqué las llaves de mi bolsillo, montadas en su llavero plástico de trébol de cuatro hojas.

"Sí, seguro, sigue creyendo", le dije al trébol.

El vecindario estaba silencioso, con los aires acondicionados zumbando sobre los tejados, y alguna risa ruidosa de un programa de televisión resonando al final de la cuadra. Dos puertas se abrieron y algunas personas se asomaron, sin ganas de involucrarse pero curiosas, porque por lo menos una vez al mes se robaban alguno de nuestros carros.

—¡Mierda! —dije.

A decir verdad, yo tampoco tenía ganas de involucrarme. Debí de haberme quedado atascado rotulando las orillas de las aceras de las casas, y no dejar que mi ambición por excavar hoyos se adueñara de mí. Ya no más ambición. Ya no más intentar seguir un camino recto como las hormigas.

Regresé de prisa a mi apartamento, desapareciendo por la puerta y ocultándome en mis cavernosas sombras.

Un banco de nubes bajas y rosadas punteaban el atardecer. Dos chiquillos, futuros pandilleros, se golpeaban el uno al otro con bates de plástico, enganchados en un duelo juguetón que tenía lugar en el patio de enfrente.

Me bebí mi tercera cerveza, escondiéndome en mi patio trasero, en este día que empezó con mi salida en bicicleta y terminó conmigo implorando de rodillas que el señor Stiles comprendiera por qué no había regresado. Las otras dos latas de cerveza yacían aplastadas a mi lado. El alcohol comenzaba a hacer efecto. Me sentía como una cámara de neumático desinflada, colgada en un garaje, negro de depresión, porque había hecho lo que la gente y la Biblia me me señalaban: trabajar. Pero ese consejo me falló.

—Hola —saludé a un perro callejero que husmeaba las malezas amarillentas a lo largo de la cerca—, ¿qué tal?

El perro me miró con tristeza, su nariz negra como cinta de aislar, y su lengua salpicada de gris y rosado. Sus ojos lagrimeaban como si hubiera estado oliendo cebollas.

—¡Ey, perro pandillero! —grité. Troné los dedos y el perro, lleno de astucia callejera, se largó sobre tres patas. Su pata trasera izquierda no tocaba el suelo.

Me sentí vacío. Me agradaba el señor Stiles y me gustaba su sueño: un árbol decorativo al frente del jardín, y árboles frutales en la parte trasera. ¿Cómo podría explicar lo que había pasado, cómo paré en mi casa sólo un momento para dejar un refrigerador, beber agua fría, lavarme la cara y peinarme para verme como un ser humano? No tenía sentido. Había perdido mi bicicleta y también su confianza, una historia tan común en Fresno que no le rompía el corazón a nadie. A casi todos mis conocidos les habían robado el auto o la camioneta alguna vez. O si no, ellos eran los que robaban.

Escuché un carro entrar por la cochera. Salté más por vergüenza que por temor. Mi corazón latió rápidamente. Creí que podría ser el señor Stiles.

—¿Quién es? —llamé.

Me sentí aliviado al escuchar el *clic-clac* de tacones de mujer, no el estampido de botas.

—Soy yo —dijo mi tía Dolores, la madre de Jesús, una mujer que conocía desde que aprendí a andar en bicicleta por la cuadra con ruedas auxiliares. Me había acercado más a ella desde que mi padre murió y mi madre empezó a leer los medidores de luz de *Pacific Gas & Electric*.

Mi corazón bajó el ritmo. Me volví a sentar en mi silla de extensión cuando mi tía apareció cargando una servilleta roja llena de tortillas.

–¿Por qué nunca contestas el teléfono? –preguntó sin rodeos.

Le acerqué una silla.

–Nunca estoy en casa.

–*¡Mentiroso!*

–Es verdad –dije, alzando los brazos implorantes–. He estado muy ocupado.

Mi tía me miró. Las raíces de su cabello eran blancas. Lucía cansada, como si hubiera estado planchando todo el día. Colocó una mano sobre el respaldo de la silla.

–¿Por qué no me ayudas, Eddy? –preguntó.

–Tía –le dije, poniéndome de pie detrás de mi silla–. Es una locura. No se puede ir por ahí matando gente.

–Él mató a Jesús.

–Lo sé, Tía, pero los policías se encargarán.

–¡Nunca atrapan a nadie! ¡La gente se dispara y se mata y a ellos no les importa! –Las lágrimas resbalaban por su rostro. Murmuró el nombre de su hijo una y otra vez.

Desvié la mirada hacia el césped. Me vino a la mente la imagen de policías con cascos azules y el niño del triciclo susurrando, *"Perra* no es una buena palabra".

Mi tía se hundió entre las tiras de la silla para jardín con un gemido. Sus ojos estaban húmedos. Puse mi mano en su hombro y sentí deseos de mecerla en mis brazos. En cambio le apreté el hombro. Trató de convencerme y luego volteó hacia los niños que jugaban con los bates de plástico.

–¿Quiénes son esos niños? –preguntó.

–Sólo un par de pícaros.

Suspiró y le dio unas palmaditas a la servilleta repleta de tortillas. Me preguntó si recordaba cuando Jesús y yo jugábamos en su jardín, y de cómo nos solía atiborrar de malteadas.

–Sí, lo recuerdo –le contesté llanamente.

–Tú y Jesús.

–Sí, sí –repetí–. Éramos tan cercanos el uno al otro. –Estaba harto de mi tía y de intentar mantener un camino recto en la vida.

–Entonces, ¿por qué no me ayudas? Ángel dice que sabe quién fue.

Ángel. Lo imaginé en la camioneta del señor Stiles, con una mano sobre el volante y con la otra llevándose un cigarro de hierba a la boca.

–Tía, Ángel no es un buen tipo.

–Era amigo de Jesús.

"Sí, claro", pensé. Me volví hacia el escándalo de los niños. Quería gritarles que se callaran.

Mi tía desenvolvió la servilleta roja de las tortillas. En lugar de un montón de tortillas había un revólver del tamaño de una llave inglesa, tal vez igual de pesado.

–¡Por Dios! –grité–. ¿Qué estás haciendo con eso?

La levantó para que la tomara. Sus ojos estaban enrojecidos. Empezó a gemir:

–Llévatela, *mi'jo,* entre tú y Ángel pueden hacerlo.

Le di la espalda y me alejé por la entrada hasta llegar al patio delantero. Caminé hasta el final de la calle y comencé a trotar. Ya era el crepúsculo. El oriente era una gran herida que lentamente se convertía en la noche. ◆

# Capítulo 3

◆ UNA BUENA vida es aquella en la que uno sale a trabajar, cumple una jornada de ocho horas y regresa a casa con la familia, donde los hijos te esperan felices. Después de todo, tú eres el papá. Las montañas se elevan de tus hombros, las monedas resuenan en tus bolsillos y la comida que hay en la mesa es producto tuyo. Una buena vida es una larga y afanosa velada viendo televisión, durante la cual uno de cada tres o cuatro chistes sea de veras gracioso. Tal vez bebas una cerveza, o juegues damas con tu hijo mayor, o te acuestes sobre el césped cuando hace calor y todos los perros de la cuadra tienen algo que decirle a la luna. No importa si los mosquitos en tu cuello te encajan sus aguijones en las venas. Estás dispuesto a compartir hasta tu sangre, porque eres un padre joven y tienes eso y mucho más para compartir.

¿Qué sabía yo? La vida laboral había resultado una estafa. Podría rotular todas las orillas de las banquetas en Fresno, desde el pagano lunes hasta el sagrado domingo; tatuarlas con números para que nadie, sobrio o ebrio, se perdiera jamás. Pero por más que tratara de llevar una vida recta, siempre podría arruinar todo.

Me paré de la cama, bebí agua como caballo, y saqué una caja de cereales de la despensa. Sacudí el paquete medio vacío, que sonó como *maracas*. Me serví un tazón y salpiqué leche sobre las diminutas hojuelas, mientras recordaba cuando solía comer toneladas de cereal pensando en que me convertirían en hombre algún día. No funcionó.

Remaba con la cuchara desde el tazón a mi boca cuando llamaron a mi puerta. ¿El señor Stiles? El cereal se me atragantó como una bola de algodón mojado. Me dirigí hacia la ventana de puntillas y corrí las persianas. Ángel estaba a punto de volver a golpear la puerta. Y lo hizo, martillando como un juez y cimbrando las ventanas.

Abrí la puerta y entró el calor de mayo en mi rostro. El calor y Ángel.

–¡Qué onda, Eddy, *mi carnal*! –dijo Ángel alegremente, mientras se invitaba a pasar al recibidor. Una vez dentro, miró a su alrededor nerviosamente, como un conejo al que le han asestado un balazo en la garganta.

–¿Qué pasa? –le dije. Luego de que mi tía partió la noche anterior, después de envolver el revólver calibre .22 en el paño de las tortillas y dirigirse llorando a su auto, me quedé en la cama pensando que Ángel se había robado la camioneta. Era capaz de hacer cosas como ésas; robarle a los amigos y luego sacudir los hombros, haciéndose el ofendido si se le acusaba. Pero esta vez lo acusé antes de que pudiera abrir la boca–. ¿Qué hiciste con la camioneta?

–¡Qué?

–¡La camioneta, hombre! –Respiraba sobre él, como el horno afuera de mi puerta–. ¡Me robaste la camioneta!

–¿Robar? ¿A un viejo amigo de la escuela como tú? –Sonrió mientras caminaba a la cocina a buscar un refresco. Al no encontrar nada en el refrigerador, abrió la llave del fregadero y bebió con sus manos. Eructó y se limpió la boca con su camiseta–. No me llevé ninguna camioneta. Lo único que me robé fue un Acura.

Un escalofrío me erizó los vellos del brazo.

–¿Y de dónde sacaste tú una camioneta? –siguió Ángel.

No contesté. Por un instante vi al señor Stiles sobre su pequeño y erosionado montículo de tierra, las flores brotando alrededor con sus pétalos abiertos como faldas rasgadas.

–¿Está afuera? –le pregunté.

–¿Qué?

–No juegues. El Acura, ¿dónde está?

–Sí, está estacionado afuera, Eddy –dijo señalando vagamente con el brazo.

–No quiero que estés aquí –le dije a Ángel en un susurro.

Se sentó a la mesa, burlándose de mi tazón de cereal, vigilado por un par de moscas. Ángel les sopló, pero las moscas se aferraron al tazón, dispuestas a no dejar ir tan fácilmente una comida gratis.

–Tengo un plan, *homes*.

–Tu único plan en este momento es irte de aquí –le dije.

–Eddy, muchacho, eres muy cómico. –Ángel soltó una carcajada y hundió la mano dentro de la caja de cereales, sacando un puñado de hojuelas de trigo–. Entre los dos podríamos desmantelar ese Acura, o vender la *pinche* máquina completa a los Hmongs.

Me senté en la otra punta de la mesa. Ángel no era tonto, sólo que atemorizaba. Era bueno con las matemáticas y había sido buen alumno hasta que llegó a quinto grado y comenzó a inhalar solventes y pintura en aerosol.

–Mira esto –dijo. Sacó el revólver .22, el que mi tía había intentado darme a la fuerza.

–¡Ángel! –grité, incorporándome de un salto–. ¡Fuera de aquí!

Se puso de pie con la pistola en una mano y la caja de cereales en la otra. Sonrió.

–Tu tía pasó por mi casa anoche y me pidió que me quemara al *vato*.

Imaginé a mi tía con el rímel chorreando de los ojos.

–Y me dejó unas tortillas.

Visualicé las tortillas envueltas en un paño.

–Es mejor que te vayas, Ángel –dije, intentando sonar un poco más amable.

–¿Me puedo llevar el cereal? –preguntó Ángel sonriendo. Metió la pistola dentro de la caja, soltó la carcajada típica de un drogadicto, y se detuvo momentáneamente en la puerta antes de caminar hasta la calle. Lo seguí, descalzo. Podía ver el calor que ascendía como vapores desde el asfalto.

Ángel se volvió hacia mí y dijo:

–¿Sabes? Eres una mariquita. –Lo vi tambalearse, como el calor sobre el asfalto, y pensé que tal vez se había metido algo. Miré sus brazos esperando ver piquetes de araña, pero no vi nada.

–Sí –le dije a Ángel–, soy una mariquita. Lo que tú digas.

Ángel se burló y se fue sujetando la caja de cereal como maletín, mientras salía por la entrada hacia su Acura.

Vendí mis manuales sobre aire acondicionado en la universidad por treinta y cuatro dólares, un precio mejor de lo que esperaba, considerando que el semestre estaba por terminar. Compré un refresco en la cafetería. La cajera era una chica llamada Norma con quien había ido a la escuela.

–¿Qué hay de nuevo, paisano? –me dijo, estirando la mano para recibir el pago.

Dejé que las monedas cayeran sobre su mano. No quería tocarla, no quería involucrarme en lo más mínimo.

–Pues nada en especial –le dije sacudiendo la cabeza–. Trabajando.

Alzó las cejas, queriendo oír más sobre mi trabajo. No quise decirle que pintaba números en las aceras de las casas. En cambio, le dije que pintaba casas.

—Escuché lo de tu *primo* –comentó con suavidad. Sus ojos estaban azules por las sombras y su lápiz labial era de color pálido. Parecía una vampiresa. Se veía bastante bien, a decir verdad–. ¿Piensas hacer algo al respecto?

Me encogí de hombros. Le pregunté cuanto tiempo llevaba trabajando en la cafetería. Dos semanas, contestó. Me dijo que si quería, podía llevarme un sándwich gratis.

—Sírvete –me dijo con una sonrisa, y no me quedó claro si se refería al sandwich o a sí misma.

—No, sólo quiero algo de beber –le contesté. Pero eché un vistazo a los sándwiches, metidos en sus estuches de plástico duro, y probablemente preparados por Bobby, un chico de mi clase de aire acondicionado. Más tonto que un perro, consiguió un buen trabajo untando atún, poniendo una rebanada de pepinillo del tamaño de una moneda y tomate descolorido sobre tres tipos de panes.

—Me gustaba tu *primo* –dijo ella. Luego de una breve pausa, añadió–: Se parecía un poco a ti.

—¿Jesús se parecía a mí?

—Tus pestañas –dijo Norma y sonrió. Se volteó para atender a un nuevo cliente, un muchacho gordo con una hamburguesa, la sopa del día y un montón de galletas saladas–. Pasa por mi casa, Eddy –dijo sin mirarme–. Sabes donde vivo. Tengo una piscina.

Salí con mi refresco y me senté en el patio donde se juntaban los estudiantes. Espié a los estudiantes de la morgue, con sus tazas de café y sus manuales sobre cómo rellenar de líquidos a los muertos. Me bebí el refresco de un sorbo, deslicé el hielo desde el vaso de papel hasta mi boca y luego lo escupí. Abrí el periódico universitario, un andrajo de cuatro páginas, y estaba leyendo un anuncio clasificado sobre donar unidades de sangre cuando vi a un tipo mexicano en otra mesa cruzar las piernas; tenía zapatos amarillos del color de la mantequilla. Estaba en pleno coqueteo con dos chicas, por lo visto con éxito porque una de ellas sonreía y mecía la pierna.

—Maldito —murmuré entre dientes. Dejé divagar mi mente con miles de violentas posibilidades, porque el señor Zapatos Amarillos parecía un tipo que podría enfriar a cualquiera, clavar un puñal en el pecho de alguien y rápidamente retroceder para ver la sangre brotar roja como un pañuelo. Esperé a que terminara con las chicas. Cuando se paró, me incorporé y lo seguí como un verdadero Sherlock Holmes. Se dirigió hacia un salón y lo seguí al interior cuando vi que la clase era grande, alrededor de cien personas, todas emitiendo un vapor de sudor y cebolla. Fui tras sus zapatos color mantequilla y me senté tres hileras detrás de él, junto a una chica con camisa de vaquera.

—¿Qué clase es ésta? —pregunté.

—¿Cómo?

—¿Qué clase es ésta? —repetí con más fuerza, casi con rabia. Me mojé los labios y dije—, estoy pensando cursarla el próximo año.

La chica me dijo que era educación para la salud. Cuando entró el profesor, me sorprendió ver que pensaba como ciento cincuenta kilos. El estilo de vida de un ingreso promedio se le salía por la cintura. Tenía las manos lo suficientemente grandes como para apagar un incendio.

Escuché al profesor durante quince minutos. Por lo que decía, pude deducir que hablaba acerca del surgimiento, desaparición y resurgimiento de la tuberculosis. Cada dos minutos, el tipo se subía los pantalones y se limpiaba el sudor de la cara con una mano. Tuve que tragarme la risa. El hombre no sabía lo que era el trabajo de verdad, pero ahí estaba sudando por unas estúpidas palabritas.

Era igual que la prepa. La mayoría de los estudiantes no escuchaba. Algunos conversaban, otros dormían tan profundamente que podrías dejar caer una piedra en sus bocas abiertas. Una pareja se besaba en el fondo.

Cuando acabó la clase, seguí a Zapatos Amarillos. Regresó a la cafetería y se tomó un refresco con otra chica. Al rato se fue y, por unos instantes, pensé en sentarme en su lugar y coquetear con la chica. Sin embargo, lo seguí hasta su auto, un Ford Escort, en el estacionamiento. Era un verdadero chico universitario, bien vestido, oliendo a colonia y balanceando sus libros de un lado al otro. Pensé que en cualquier momento podría empezar a silbar. Al aproximarse a su carro, apuré el paso y grité:

−¿Te gusta bailar, *homes*?

Miró a su alrededor, sin saber de donde provenía la voz. Había algunos estudiantes en el estacionamiento.

−Que si te gusta bailar −le dije, esta vez menos amable. Aun si no hubiera matado a Jesús, no me gustaban sus zapatos amarillos ni su ropa de niño blanco. Tenía mis momentos de mentalidad gangsteril, y éste era uno de ellos. Estaba listo para saltarle a la cara.

−¿Qué? −Primero me miró sin comprender y luego su rostro asumió una expresión de terror.

−¿*Y qué?* ¿Acaso tengo que repetirme?

Sus ojos se movieron sobre los lagrimales.

−¿Estás armado? −le pregunté, acercándome a su cara. Me habría dado por muerto al instante si él hubiera tenido un revólver o un puñal, y mi sangre no hubiera sido más que otra mancha sobre el asfalto. Se echó hacia atrás, alejándose de mí, cuando lo acosé−. ¿Te cargaste a Jesús?

Estábamos tan cerca que la gente a lo lejos podría haber pensado que éramos amigos.

−No conozco a ningún Jesús −balbuceó.

−¡No me vengas con cuentos! −respondí furioso−. Todo el mundo conoce a algún Jesús.

–No conozco a ningún Jesús.

–¡Claro que sí!

Sacudió la cabeza, que apestaba a cigarro y a mousse. Me acerqué aún más, pisando la punta de sus zapatos. Me paré sobre ellos. Si se resistía, le rompería el cuello ahí mismo, con una mano tras su espalda y asestándole un golpe directo en la barbilla con la otra.

–¿Por qué mataste a Jesús? –le pregunté. Bajo su camisa de niño blanco pude ver un crucifijo, nuestro pobre Salvador con la cabeza gacha, no sintiéndose muy bien. Su popularidad había bajado hacía varios siglos, y ahora todos querían una parte de la bendita acción. Para el señor Zapatos Amarillos era probablemente un adorno más.

–No conozco a ningún Jesús –murmuró. Quería salir corriendo, pero conmigo encima de sus zapatos y con una mano sobre su hombro, no tenía donde ir.

A lo lejos, detrás de él, pude ver a unos vigilantes universitarios caminando hacia nosotros. Volví a interrogarlo:

–¿Por qué mataste a Jesús?

Sacudió la cabeza. En algún lugar de su cerebro, la extraña maquinaria que produce lágrimas estaba empezando a funcionar, porque sus ojos se humedecieron repentinamente. Me bajé de sus zapatos y me volví, sin temor alguno de que me atacara por detrás. Me alejé, sintiendo el sudor bajo mis axilas, mi respiración agitada con una fuerza capaz de partir el mundo por la mitad.

Una semana más tarde, encontré una nota atorada en la rendija de la puerta de mi departamento. Era del señor Stiles, pidiendo su camioneta de vuelta –olvidemos lo ocurrido, seamos amigos. Arrugué la nota en mis manos y miré hacia atrás por encima de mi hombro. Un vecino encendía su podadora. Dos niños del otro lado de la calle saltaban sobre los aspersores. Un perro orinaba sobre un arbusto.

"Hombre", susurré. No podía creer que me hubiera encontrado y, además, tan pronto. Sentí el contorno de las llaves en mis bolsillos. Ahí estaban, completamente inútiles.

Abrí la puerta del frente y entré despacio. El señor Stiles podía estar ahí, esperándome. Si estaba ahí, pensé, dejaría que me azotara como una especie de castigo, que me azotara por unos instantes antes de entrar en acción y contraatacar. ¿Acaso tenía yo la culpa? La ciudad estaba rebozando de criminales, ladrones, y asesinos sin cerebro.

Pero no había nadie dentro, salvo unas moscas haciendo ochos en el aire enrarecido. Encendí el aire acondicionado y saqué una jarra de agua fría del refrigerador. Me la atraganté de pie, dejando que parte del agua se escurriera por mi pecho, a la manera de Rambo volviendo de una batalla en su propia jungla salvaje.

Sonó el teléfono. Lo miré, sabiendo que era mi tía. Lo dejé que siguiera sonando y me puse una camiseta limpia, una con una marca de pintura cerca del corazón. Le escribí una nota al señor Stiles sobre la mesa de la cocina: "Señor Stiles, sé que no va a creer lo que pasó. Su camioneta fue robada frente a mi casa. Yo no fui, aunque creo que conozco a un tipo de la escuela quien pudo haberlo hecho, pero tampoco estoy seguro. Tiene que creerme, no sé qué decirle, o sea, no puedo pagarle la camioneta, quizá usted pueda encontrarla. Me vio trabajar en su casa, y le digo, de todo corazón que lo siento, le devuelvo sus llaves. Tal vez fueron los Hmongs."

No firmé la nota. La metí junto con las llaves dentro del sobre, lamí el borde y la cerré de un golpe con el puño. Cuando empezó a sonar el teléfono de nuevo, salí del apartamento y caminé a la parada del autobús, donde un borracho apretaba una cerveza dentro de una bolsa arrugada de papel. Sus ojos estaban húmedos.

–¿Fuiste a la guerra? –me preguntó, arrastrando las palabras.

Volteé la mirada; no estaba de ánimo para hablar con borrachos.

El borracho repitió la pregunta.

—Cálmate, hombre. Tómate tu bebida en paz —le respondí.

Se lamió los labios y se echó un trago rápido. No pude evitar preguntarme qué harían los estudiantes forenses con un cuerpo así; tal vez envolverlo en todas las bolsas de papel de las que había bebido y luego prenderle fuego.

—Yo sí estuve en la guerra —dijo.

Me arrinconé en la minúscula sombra de la parada. Lo único que quería era entrar en el autobús lo antes posible, y no discutir los pros y los contras de la guerra.

Cuando el autobús se detuvo, subí de un salto y eché mis monedas de cinco y diez centavos en la máquina. Me sorprendió ver al borracho en la parte de atrás. Lo miré a los ojos pero no me reconoció. En su mirada perdida no se veían más que lagunas mentales.

Me dirigí hacia el norte de Fresno, con la intención de dejar la nota en la casa del señor Stiles. Sentí pena por él. En verdad era un buen tipo, y quería que supiera que no tuve intención alguna de hacerle daño. Pensé en abrir el sobre y escribir: "Le ayudaré a encontrarla", pero resistí la tentación, aun con las llaves tintineando como campanas dentro del sobre.

Me bajé del autobús sin darle las gracias al conductor ni mirar al borracho. El calor emergía del negro asfalto.

"Maldición", me dije. El sudor empezó a brotar por mis cejas.

Desde la parada, tuve que caminar casi un kilómetro y medio. Me sentía como una hormiga bajo una lupa de juguete; el calor de las tres de la tarde encendía todo. Tomé un atajo, a través de un campo lleno de malezas, tablones y bicicletas desmanteladas. En un año más o menos levantarían un condominio en ese lugar, con casas del color de la carne de cangrejo, blanquecinas, o rosadas como los cangrejos mismos.

Caminé por la calle por la que alguna vez pasé buscando números para pintar. Doblé a la derecha en la calle donde ayudé al anciano con el aire acondicionado y para mi sorpresa vi a un montón de gente agrupada. Una ambulancia y un monstruoso camión de bomberos esperaban en la cochera. Al acercarme a la casa, vi cómo rodaban una camilla por la entrada. Ahí estaba el anciano, con un par de tubos metidos por la nariz. Su esposa iba detrás, llorando bajo sus lentes oscuros. Lloraba, cuando hacía apenas dos semanas lo estaba regañando porque le había prometido su aire acondicionado a una mujer llamada Bárbara.

–¿Qué ocurre? –le pregunté a un adolescente sobre una bicicleta, lamiendo un helado.

–Creo que se murió.

Los mirones abrieron campo para que pasaran la camilla y la esposa, pero aun así estiraban el cuello para ver a la vejez en una sábana blanca de hospital. Yo, en cambio, miré hacia el garaje. Aún estaba ahí el aire acondicionado.

–Oye, señor –una voz de niño me llamó.

La voz pertenecía al niño de los ojos azules, el que pensó que había dicho *perra*. Me fui sin pensarlo dos veces, pero el niño me siguió montado en su ruidoso triciclo.

–¡Te robaste la camioneta! –gritó– ¡Mi mamá dijo que tú fuiste!

Ni siquiera me fijé si los mirones me estaban viendo o no. Salí apresuradamente de ahí, casi corriendo. Cuando llegué a la esquina del señor Stiles miré sobre mi hombro. El pequeño engendro de ojos azules ya no me seguía. Busqué el sobre en mi bolsillo trasero y me sentí molesto por ser tan buen chico. Debí haber tirado las llaves en un basurero y olvidar por completo el asunto.

"Qué horrible calor", murmuré. Me limpié el sudor de los ojos y metí la cara en el aspersor de un jardín recién plantado.

El patio delantero del señor Stiles estaba vacío, como el montículo del lanzador en un partido de beisbol. El abedul era apenas un mísero bastón saliendo del suelo. Las flores se habían cerrado. Todo el lugar se veía seco y cualquier esperanza parecía haber desaparecido.

"Lo siento, señor Stiles", pensé, mientras corría a través del paisaje a medio terminar y dejaba la nota sobre la alfombra de la entrada. El aire acondicionado estaba apagado y la puerta del garaje, cerrada, evidentemente no había nadie en casa. Pensé en asomarme por la ventana, sólo para ver cómo era la casa donde vivía, pero no me atreví. Me volví sobre mis pasos y salí del porche de un salto.

Escuché la voz de un niño gritar:

–Señor, usted es una perra.

El pícaro del triciclo venía por la acera, batiendo sus blancas rodillas sobre los pedales. Era un auténtico policía. De haber tenido un arma me habría atrapado al instante.

Apurando el paso, vi dos cortinas abrirse, luego tres, mientras el niño seguía persiguiéndome, gritando con la boca abierta:

–Te dedicas a sembrar perras.

Al llegar a mi apartamento me apoyé sobre el refrigerador. Tuve que salir corriendo de ese vecindario y esconderme en los matorrales cuando llamaron a la policía buscando un ladrón, es decir, a mí. Me había escondido entre unas malezas y mientras estuve boca abajo, echado sobre un montón de pasto cortado, tuve ganas de llorar pues imaginé que debajo mío había cebollas enterradas en el suelo.

Tragué agua fría, la guardé, cuando de pronto escuché que alguien tocaba la puerta.

"Ha de ser ese infeliz de Ángel", pensé. Consideré la posibilidad de no contestar, pero cuando me asomé por la ventana y vi quien era, supe que no abriría la puerta por nada del mundo: era mi madre con mi tía Gloria. ¡Quién sabe por qué rayos se les habría ocurrido venir a Fresno! Apoyaban sus orejas contra la puerta, en actitud de espionaje. Me mantuve inmóvil hasta que escuché la cerradura. Recordé que mi madre tenía llaves del apartamento.

–*Mi'jo* –llamó mi madre–. Somos nosotras.

Las dos mujeres entraron y puse cara de sorprendido.

–Estaba en el baño –dije.

Ambas inspeccionaron el apartamento, más vacío que un barril sin fondo. Mi madre estaba en los cincuenta, una mamá muy mayor para ser mexicana si tomamos en cuenta que la mayoría de las madres mexicanas que conocía parían sus primeros hijos a los dieciséis años. Luego de la muerte de mi padre, pasó de joven a adulta y a vieja en cuestión de meses. Hasta se retiró antes de tiempo de su empleo en *Pacific Gas & Electric* y empezó a pedir todos los descuentos para gente de edad avanzada: pases de autobús, boletos para el teatro, comida de restaurante. Y se veía vieja, con su vestido de flores, sus zapatos negros y las pequeñas arrugas alrededor de la boca. Jugaba a ser la *abuelita*, aunque sin nietos.

–¿Tienes un poco de café, *mi'jo*? –preguntó mi madre. Se disponía a entrar en la cocina–. ¡Qué *cochino* está todo esto!

–No tengo, mamá –contesté–. Es que anoche las cucarachas tomaron aquí su clase de catecismo –ironicé.

Mi tía Gloria se contuvo. Todavía no estaba preparada para empezar con las críticas, al menos no todavía. Necesitaba primero tener una taza de café en la mano.

Las dos mujeres requisaron mi despensa en busca de café. Cuando se cansaron de buscar, se sentaron a la mesa, barriendo migajas y a dos hormigas vagabundas con la mano. No tenía mucho que ofrecerles, aparte de agua fría. Hasta el Kool-Aid se me había terminado.

—Aquí tienes —dijo mi mamá, sacando de su bolsa un enorme burrito envuelto en papel de aluminio. Parecía del doble de tamaño que su bolsa.

Lo abrí, aunque sabía que era de mala educación comer delante de la gente si ésta no tiene nada para sí. Le entré al burrito con ganas después de que mi madre dijo que ya habían cenado. Estaba muerto de hambre.

—¿Cómo es que no tienes novia? —empezó mi tía.

—Todas están casadas —contesté.

—No, no es cierto —replicó—. ¿Conoces a Norma?

—Conozco a cientos de Normas; están por todos lados.

—Norma Rodríguez, ¿la conoces?

Negué con la cabeza. Ya llevaba medio burrito.

— Norma es una chica muy bonita, y sólo tiene un bebé.

—¿No está casada?

—No, tuvo a su bebé en la prepa, y luego no sé qué le pasó al tipo.

Sólo me quedaba un cuarto de burrito.

—Así es, *mi'jo* —salió mi madre—. Yo la vi y está muy bonita. El bebé se parece a ella.

—Qué bien, mamá.

El burrito era apenas un pedacito de tortilla en mis manos.

—Deberías conseguirte una novia —continuó mi tía.

—Tía, es bastante difícil vivir solo. —Señalé hacia la cocina—. Ya vieron cómo está mi despensa.

Las señoras se quedaron calladas con los ojos muy abiertos como cuervos sobre un alambre. Se miraron entre ellas y luego mi madre atacó de nuevo.

—Mira, aquí tengo una foto de Norma.

—Mamá, ya te dije. No me interesa.

—Es bonita —replicó mi madre mientras hurgaba en su bolsa. Me puso la foto en la cara, y yo, intentando ser buen hijo, alcé las cejas con interés. No se veía nada mal, mas su sonrisa era pícara y burlona.

Mi madre siguió buscando en su bolsa. Sacó unas galletas de vainilla se las ofreció primero a mi tía Gloria, quien las rechazó con la mano, y luego a mí. Tomé una, saqué la lengua y la puse ahí como si fuera una hostia.

—No seas así —me regañó mi madre—. Dios te va a castigar.

—Creí que ya lo estaba haciendo.

—Tú no sabes lo que es el infierno.

Mi tía Gloria asintió.

—Es cierto. Tu mamá y yo sí lo sabemos. ¿Y qué me dices de Dolores, la madre de Jesús? *Pobrecita.* ¡Van a terminar matándose entre ustedes!

—¿Por qué? —espetó mi madre—. ¿Por qué están matándose entre ustedes? ¿Te parece gracioso? —Mamá escupió una migaja de galleta en mi dirección.

—Pero si yo no hice nada. ¿Por qué me dicen a mí?

—Es muy triste para Dolores —dijo mi mamá con tristeza. Mecánicamente se metió una galleta en la boca—. Sé que quiere que lastimes a ese muchacho, pero yo quiero que te mantengas alejado.

Mi tía Gloria también tomó una galleta y empezó a recordar a Jesús, de cuando era un muchacho travieso. Nos contó como una vez cogió el encendedor del carro y agujeró el tablero.

Nos sentamos en silencio, escuchando el agua gotear en el fregadero y de pronto mi madre dijo:

—*Mira* —me mostró su perfil. Detrás de la oreja, como un gusano, tenía un aparato auditivo enroscado—. Lo compré hace un mes. Es igual al de Gloria.

—Los conseguimos en Sears —asintió mi tía.

—Creí que oías bien.

—No, ya casi no oigo, *mi'jo*.

Lo sacó de su oreja y lo puso sobre su palma abierta. El aparato auditivo parecía un pequeño caracol.

—Anda, pruébatelo —me dijo.

—¡*Chale*! —salté de la silla mientras me acercaba la cosa a la cara. Estas señoras eran *viejas locas*. Se rieron, pero se detuvieron en seco cuando sonó el teléfono. Lo miré pero no lo contesté. Lo único que me faltaba es que mi tía Dolores escuchara a mi madre y viniera con una jarra de café. Se pondrían a cacarear hasta el día siguiente.

—¡Contéstalo! —ordenó mi madre colocándose el aparato de vuelta en el oído, lista para el *chisme*.

Cuando me levanté y fui a la cocina por un vaso de agua, mi madre suspiró, se levantó con fuerza para atender el teléfono que repicaba por sexta vez.

—Déjalo sonar, mamá —le grité—. No es nadie.

Levantó la bocina no sé si porque el aparato de su oído estaba apagado, o porque yo era su hijo, sin derecho a darle órdenes.

—Hola —dijo con su marcado acento latino. Parecía confundida, como un *vato* después de inhalar solvente—. ¿Norma?

—¿Norma... Rodríguez? —preguntó mi tía Gloria pelando los ojos. Se estaba engullendo su segunda galleta de vainilla.

—No, es otra Norma —respondió mi madre, empujándome el teléfono—. ¡Es para ti!

—Creí que no tenías novia —comentó la tía Gloria. Se quitó el aparato auditivo de su oído y le subió el volumen.

Cogí el teléfono y grazné por el auricular.

—¿Sí?

Observé a mi tía y a mi mamá, sus ojos brillaban y asentían con la cabeza, felices de que una chica me estuviera llamando.

Pero no sabían quién estaba en el otro extremo de la línea. Era

Norma, la de la prepa. Norma, la cajera de la cafetería; Norma, la de la lágrima tatuada. Una Norma que, al cuarto para las nueve de una noche con dos señoras regañonas, quería que fuera a su casa para disfrutar de un baño en su piscina.

Le dije que sí a Norma. Apunté su dirección, colgué, y le dije a mi madre:

–Una amiga necesita mi ayuda. –Saqué apuradamente mi traje de baño del cuarto y pasé frente a las señoras, que me persiguieron hasta afuera gritando,

–¿Qué tal, es bonita?

–¡No olviden cerrar bien! –les grité de vuelta, y desaparecí en una noche de disparos y perros aullando. ◆

# Capítulo 4

◆ NORMA me ofreció un refresco y dos sándwiches que había tomado del trabajo. Los comí cerca de su alberca, que resplandecía bajo una luz exterior anaranjada. Me ofreció su cuello también, lo acepté encantado y mi nombre entró en su lista. La escuché gemir. Me dijo que le recordaba a mi primo muerto, Jesús, y no me importó que hiciera la comparación. Tenía comida y un lugar donde lanzar mis besos. Estaba envuelta en perfume, pero pude probar la sal de sus hombros y su cuello. Intenté soltar uno de los tirantes de su traje de baño, pero me rechazó juguetona, diciendo que era un atrevido. No me quedó sino saciar mi apetito sobre su cuello y sus hombros. Nuestras lenguas se entrelazaron y regresé a su cuello. Me mantuve ahí hasta que dijo entre gemidos:

–¿Sabes que fue Ángel quien lo hizo, no?

Me separé de ella y la miré.

–¿Qué quieres decir?

No contestó.

–Eres idéntico a Jesús –dijo, con un hilo de voz. Sentí su lengua llameante en mi oreja.

La detuve y repetí:

–¿Qué quisiste decir acerca de Ángel y Jesús?

Norma se calmó. Bajo el reflejo de la luz, con su lágrima tatuada, parecía un vampiro. Su colmillo brilló en la oscuridad. Tenía los cabellos revueltos.

–Jesús era tan amable.

–No te engañes –le dije–. Jesús era un pandillero como todos los demás.

–Pero era amable.

Preferí no responder. Nos sentamos en la orilla de la alberca, con los pies en el agua. Pataleó infantilmente, y la luz en la superficie se quebró como vidrio.

–No te creo –dije, luego de un momento de silencio. Por más malvado que fuera, no podía imaginarme a Ángel cargándose a Jesús. Tal vez a alguien más, pero no a Jesús.

–Todo el mundo lo sabe, Eddy.

Me comentó que había escuchado el rumor, el *chisme*, de los paisanos del parque Holmes. Dijo que Jesús se molestó porque habían robado un carro juntos. Ángel lo vendió pero no compartió las ganancias.

–¿No estás inventando? –le pregunté.

Negó con la cabeza. Sus ojos se veían grandes, marcados por tantas cosas feas del mundo.

Me paré de un brinco. Mi corazón latía pesadamente ante la idea de que Ángel le hubiera clavado un puñal a Jesús, su *carnal*, o por lo menos el amigo con quien salía. Ahora tenía un revólver en sus manos, el de mi tía, y pensé que lo usaría tan fácilmente como si se cepillara los dientes.

–No le digas a nadie que fui yo quien te lo contó –dijo Norma, sus ojos se veían aún más grandes.

Me hundí en la alberca y luego volví a sentarme en la orilla. Necesitaba enfriarme de nuevo.

–¿No lo harás, verdad? –rogó Norma.

—No, mujer. —Supuse que me haría el tonto, como siempre, y fingiría que no sabía nada.

Norma movió una pierna dentro del agua y aunque se veía muy bien, sentada en la orilla de la alberca, con sus pechos como cojines, supe que debía irme de inmediato.

—Nos vemos —le dije. Recogí mi ropa y salté sobre una pequeña cerca. Imaginé que tendría que acostumbrarme a saltar cercas.

Las luces de la calle tendían un brillo de color medicinal sobre el asfalto. Me mantuve pegado a las sombras, como gato. No dije nada cuando vi a tres Hmongs deslizando un alambre por la ventana de un carro. Los robos eran tan comunes como los bostezos. Nada nuevo en Fresno.

Mi apartamento estaba tan silencioso como un zapato e igual de maloliente. Todas las ventanas estaban cerradas. Abrí dos de par en par y encendí el aire acondicionado, pero dejé las luces apagadas. La luz de la luna inundó la mesa del comedor, donde vi como tres dólares en monedas. Bajo las monedas encontré una nota de mi madre: "*Mi'jo*, compra un poco de café mañana".

Algo dormí, pero más bien estuve atento al sonido de pasos. Cuando desperté justo después de las siete sentía los ojos rasposos. Me levanté, y el colchón gruñó bajo mi peso. Bebí agua, dado que no había café. Sacudí una caja de uvas pasas de la despensa, abrí la tapa de cartón y me las empiné en la boca.

"La buena vida", bromeé.

Me senté en el sofá, un regalo de mi madre, y me hubiera quedado ahí todo el día si no hubiera sido por un golpe a la puerta que me asustó. Pegué un salto y me deslicé por la habitación. Por la persiana vi a una persona con uniforme. Creí que era la policía, pero por la franja en la manga caí en cuenta que se trataba de algún militar. Pensé que venían a reclutarme. Sentí un rayo de esperanza.

–Patrulla fronteriza, amigo –vociferó el sonriente soldado cuando le abrí la puerta. En ese instante, me agarró por el cuello y me empujó contra la pared. Casi se me salieron los ojos de las órbitas y mi lengua se agitó como cola de lagartija. Me sostuvo ahí hasta que se cansó de su juego de hombre fuerte. Me dejó ir con una risilla.

Se trataba de José Domínguez, un compañero de la escuela con quien solía inhalar solvente. Era policía en los *marines* y había aprendido toda clase de tácticas de combate cuerpo a cuerpo que podían dejar a alguien lisiado de por vida. Luego de que mis ojos volvieron a la normalidad y mi lengua regresó a su sitio, lo golpeé con fuerza en el estómago. José retrocedió un paso corto y exclamó sonriente:

–No puedes con este soldado, *homes*.

Era demasiado temprano para lidiar con él. Regresé al sofá, tragando con dificultad.

–¿Qué estás haciendo por aquí? –balbuceé. Alcé un periódico y lo enrollé para cazar a una mosca negra que daba vueltas en el aire.

–Estoy de permiso.

–¿Te dan unos días libres y regresas a este agujero? –volví a tragar–. Me lastimaste la garganta.

–Ni siquiera te toqué. Si te hubiera tocado de verdad, te habrías dado cuenta. –José echó un vistazo a mi apartamento–. ¿Cómo es que vives en esta cueva?

Lo ignoré y me ocupé de la mosca. Asesté un golpe en el aire y fallé.

–Me va bien –le dije a José sin sonar muy convencido.

–Te ves fatal, *homes* –me dijo–. ¿Cuándo fue la última vez que comiste algo?

No le dije que mi desayuno había sido agua y uvas pasas. Intenté otro ataque a la mosca y volví a fallar.

–Anda –exclamó José–. Vamos a desayunar, ¿qué prefieres, el de Mamá Luisa o el de Cuca?

Me levanté, me pasé la máquina de afeitar sobre un granito en la cara, y me puse una camiseta con una bujía Champion en el frente.

José y yo nos llevábamos desde la secundaria, cuando armamos nuestra primera pandilla juvenil, los Impalas. Tallamos nuestras insignias en el cemento húmedo, en paredes y señales de tránsito, y en ocasiones despojamos de sus bicicletas a algunos niños chillones. Habríamos seguido siendo amigos, si no fuera porque se mudó al otro lado de la ciudad. Nos volvimos a ver en la secundaria Roosevelt High, para entonces él se había convertido en luchador y había cambiado. Tenía el cabello corto y bien peinado, como ahora, y le gustaban los uniformes, como hoy en día, supongo. Nadie hubiera imaginado que era el mismo que andaba conmigo por todo Fresno inhalando pegamento en bolsas de papel. Ahora era un *marine* de cabello rapado.

–¿Tienes auto? –pregunté mientras salíamos al sol. Miré cautelosamente a mi alrededor mientras caminábamos por la entrada hacia la calle. En cualquier lugar podía estar Ángel escondido con su revólver.

–Me quedé con el carro de mi papá –dijo José; sus manos se balanceaban a sus costados como si estuviera marchando–. Le dio un infarto.

–Ah, qué pena –dije, sintiéndolo de veras. El señor Domínguez era un tipo *suave*. Una vez que nos había llevado al lago, se emborrachó y perdió el sentido. Nos apropiamos las latas de cerveza y bebimos los asientos amarillentos.

–Ahora está bien –dijo José–. Sólo que ya no puede trabajar. Ni beber.

En un instante de codicia pensé en preguntarle a José dónde trabajaba su papá. Tal vez me podrían dar su puesto si aún estaba vacante. Pero me limité a tragar y a sobarme la garganta que todavía me dolía por su apretón.

Nos subimos al destartalado Dodge Colt de su padre, y arrancamos con la velocidad y el ruido de una podadora. El humo azul se suspendía en el aire.

En el camino al restaurante de Cuca, José me contó acerca de los *marines*, desde el día en que le raparon la cabeza hasta el combate mano a mano con bayonetas de verdad. Me contó que había aumentado cinco kilos y se había llenado de músculos. Dijo que hasta los músculos de su trasero se habían puesto duros.

–¡No inventes! –me burlé.

–Tócalos, si no me crees –dijo.

–Ni loco, amigo.

Luego, ya serio, me dijo que iba a ser embarcado, con rumbo desconocido pues era secreto de Estado. Quería andar por Fresno una vez más antes de irse.

Chasqueé la lengua por todo el asunto secreto. Me estaba tomando el pelo.

–Sabes una cosa... –dijo José mientras íbamos por el accidentado camino hacia el oeste de la ciudad–. No probaré comida mexicana por un buen rato.

No dije nada. Ya me gruñían las tripas y hablar de comida sólo lo empeoraba.

Condujimos en silencio. Una vez que el Dodge Colt estaba en marcha, no caminaba tan mal. Y luego José preguntó:

–No te ha estado yendo muy bien, ¿verdad?

–Podría estar peor.

Le conté de mi pobre primo, ahora bajo su montón de tierra negra. José sólo movió la cabeza y silbó.

–Supongo que sí podrías estar peor –dijo.

Me preguntó quién había enfriado a Jesús. Sólo dije "Alguien" y me encogí de hombros.

En un semáforo, unos chicos mal encarados saludaron a José con el dedo mayor levantado, y José les regresó la grosería con una sonrisa. Arrancó el Colt con su rugido de podadora de jardín.

–Pues sí, una vez que te mueres, te mueres –dije refiriéndome a mi pobre primo.

–*De veras*. En el campo de entrenamiento vi unas películas con cosas que nunca se muestran al público.

–¿Ah, sí? ¿Como qué?

–Ya sabes, videos sobre seguridad, para que no andemos haciendo estupideces.

Describió cómo los metieron en un auditorio y les mostraron tomas de *marines* heridos y muertos, mutilados todos por sus propios errores; o al menos eso dijo el sargento.

José habló de un tipo que se rebanó la barbilla con una bayoneta y de otro que, de broma, se metió una bala en la nariz, tropezó y se voló el ojo izquierdo. Escuché todo a medias, avivando los ojos por si aparecía Ángel.

–Sí, hermano, ¡es duro estar en los *marines*!

–Pero comes bien, ¿no?

–Leche con chocolate siete días a la semana –exclamó orgulloso–. Tienen una vaca café atrás, en la cocina.

Luego alardeó de las palizas que les ponía a los *marines* cuando se emborrachaban. Según él, era verdaderamente despiadado. Me estaban empezando a cansar sus historias de macho con los *marines*, pero me quedé callado. Era un desayuno gratis, y sabía que José, en el fondo de su corazón, era un buen tipo.

Antes de llegar al restaurante, José pasó por la casa de Leticia. Leti había sido su novia durante tres años, pero terminaron cuando ella lo sorprendió con Norma. Tocó la bocina del carro y cuando vio que las cortinas se abrían, saludó con la mano, rió, y pisó el acelerador.

–No la has olvidado, ¿verdad? –le dije.

–Querrás decir: ella no me ha olvidado.

Pude ver que a José le seguía doliendo lo de Leti. Pero se trataba de su vida amorosa, no de la mía.

En el restaurante de Cuca nos atendieron como reyes, no sólo porque conocíamos a los dueños, sino porque José llevaba uniforme. Lucía alto y limpio, no como yo, un trapo mojado en una cubeta de agua sucia.

–Es duro ser *marine* –le dijo a la dueña, una señora conocida de mi mamá y de todos los mexicanos de Fresno.

–Te ves muy guapo –sonrió *la señora*.

José resplandecía de orgullo.

Pedimos una gran comida: *chile verde* con un par de huevos encima y refrescos. Mientras terminábamos de comer, un hombre negro sin camisa entró en el restaurante. Tenía los ojos rojos. Miré sus brazos a ver si encontraba marcas de pinchazos, pero no vi nada. Supuse que era un mendigo sin hogar.

–¡Mi gente, traigo cebollas! –gritó y miró a la dueña–. ¿Cuántas necesita, señora?

Ella lo rechazó con un ademán murmurando algo en español. Entonces el hombre negro se dirigió a un *tejano* que regresaba del baño a su silla.

–No queremos cebollas –repitió *la señora* Cuca desde la caja. Había perdido la paciencia–. ¡Vete!

–Son muy buenas –insistió el tipo.

–¡No! ¡Vete! ¡*Ándale*! –*La señora* agitó un trapo de cocina hacia él.

El tipo recorrió con la vista el pequeño local, donde los clientes comían despacio esperando a que se fuera. No habían ido a un buen restaurante para ver a un vagabundo vendiendo cebollas.

–Cebollas –repitió en voz baja–. Un saco completo de cebollas por tres dólares.

Cuando José lo llamó con un movimiento de cabeza, el tipo se acercó y dijo:

–Un saco de diez kilos por tres dólares. ¡Es un buen trato!

Podía olfatear su sudor y el aliento impaciente de quien espera vender algo con desesperación.

–¿Dónde conseguiste esas cebollas? –le preguntó José.

–Las encontré.

José y yo sabíamos que las había robado de algún sembradío.

–Las encontré en la carretera –añadió, señalando vagamente hacia la puerta. Miró a José y le preguntó–: ¿Es usted un *marine*?

–¿Tú qué crees?

–¿Ha matado a alguien?

–No, hombre. No me interesa lastimar a nadie.

El negro miró nuestros platos vacíos.

–Necesito dinero. Tengo cebollas y mi familia está hambrienta.

José se metió un hielo a la boca.

–Saldré en un momento.

–Apúrese, señor –dijo el tipo–. Hace mucho calor allá fuera.

Salió del restaurante gritando una vez más: "¡Cebollas!"

Hartos de tanto comer, José y yo nos quedamos sentados a la mesa viendo cómo una mosca caminaba de un lado a otro, como centinela. Le dije a José que la mosca era él, una mosca de los *marines*.

–¡*Chale*! En los *marines* tenemos moscas tres veces más grandes. Ésta parece de la fuerza aérea.

José pagó la cuenta y salimos del restaurante, con la luz del sol como daga sobre nuestros ojos. Vagos, jornaleros y arremedos de pandilleros se adherían a las polvorientas sombras de los locales abandonados.

–Hace mucho calor –dijo José.

–Espera a que sean las tres –le dije. Me volví cuando escuché al tipo de las cebollas llamándonos. "¡Amigos, por aquí!"

José se acomodó la gorra sobre la cabeza y caminó hacia el tipo que se encontraba en el estacionamiento. Se dirigió a un carro con cinco niños, dos adelante y tres en el asiento trasero. El auto, un gran Buick Electra, era la versión revisada de la pobreza. Las ventanas estaban grasientas. Las vestiduras de los asientos escupían el relleno por todos lados. Uno de los niños, aún en pañales, lloraba.

–Son buenas cebollas –dijo el tipo. Abrió el portaequipaje del auto con un golpe de destornillador en el agujero donde alguna vez hubo una cerradura. Sacó un bulto y se escuchó el chirrido del carro–. Tres dólares por un bulto. ¿Por qué no se lleva cinco?

–¿Qué voy a hacer yo con cinco bultos?

El hombre miró a José y le dijo:

–De acuerdo. Eres un *marine* y te vas al extranjero, ¿cierto?

José no tenía ganas de conversar con el tipo.

–Nada más dame dos.

–¿Por qué no tres? –Me dirigió una mirada y propuso–. Su *amigo* podría querer unas cebollas.

–No necesito un saco entero.

–Tienen vitamina C. Es buena para la salud. Además, saben bien con patatas. ¿Cómo le dicen ustedes a las patatas?

–*Papas* –respondió José. Parecía estar sonriendo, pero en realidad era una mueca por el brillo del sol. José quería terminar el asunto de una vez.

–¡Eso mismo! No tengo aquí conmigo, pero se las puedo conseguir.

—Supongo que en la carretera, ¿verdad? –dijo José.

José acabó comprando tres sacos de cebollas y luego, como buen soldado, les extendió un paquete de chicles a los niños en el carro. El tipo negro nos agradeció cien veces, incluso reverenció, y con un saco en cada mano, José se adelantó hacia el carro. El tercero, tan pesado como un cadáver, me tocó cargarlo a mí.

Colocamos los sacos en la cajuela del Dodge Colt y estábamos listos para salir, cuando de pronto avisté la Toyota roja del señor Stiles al otro lado de la calle, frente al cine Azteca. El calor reverberaba sobre el toldo.

—¡José! –grité. Casi pega un salto.

—¿Estás llamando a México? Estoy a tu lado. No tienes que gritar. –José estaba inclinado, revisando la llanta delantera. Se levantó, sacudiéndose el polvo de las manos–. ¿Qué pasa?

Le conté que había trabajado para el señor Stiles, y de cómo me habían robado la camioneta frente a mis narices.

José examinó la cuadra con la mirada, quitándose la gorra.

—Vamos a buscarla –dijo luego de unos instantes.

—Pues, no sé...

—¿Qué pasa? ¿Tienes miedo?

—¿Tú no?

José volvió a revisar la cuadra, esta vez con más cuidado. Su mirada se detuvo sobre dos borrachos con sus perros. Abrió la puerta del carro, sacó una llave inglesa de debajo del asiento y un destornillador, que me lanzó a las manos.

—¿Tienes el teléfono de este tipo Stiles? –preguntó sin mirarme. Su atención estaba puesta sobre la camioneta.

Le dije que sí, a lo cual José respondió:

—Llámalo y dile que encontraste su vehículo. Dile que venga y que lo esperaremos.

Entré corriendo al restaurante de Cuca para usar el teléfono público. Nervioso, con el sudor corriendo por mi rostro moreno como el río Mississippi, conecté al señor Stiles al tercer timbrazo. Sonaba recién levantado. Le empecé a explicar donde estaba su camioneta, pero me interrumpió, con la voz quebrada: "Confié en ti, Eddy".

–Señor Stiles, no le hice una mala jugada –le dije, casi llorando–. Es la pura verdad. Lo estaré esperando con la camioneta y luego le explicaré todo.

–¿Por qué lo hiciste, Eddy? –gritó. Ya estaba completamente despierto.

–Le estoy diciendo, yo no lo hice… –Le conté de cómo había ido al basurero municipal, hecho mi trabajo y recogido un refrigerador, y que cuando lo llevé a casa, alguien había tomado la camioneta. Se hizo el silencio del otro lado de la línea. Visualicé su casa con su árbol solitario en el jardín delantero. Tierra/Perra, pensé. Me imaginé su casa y el niño en el triciclo. Tuve el presentimiento de que ahí mismo, en el restaurante de Cuca, habría policías involucrados. Me vi a mí mismo tumbado boca abajo en el suelo, las piernas separadas, y una bota de policía a cinco centímetros de mi cara.

Alejé la imagen de mi mente. Le di la dirección y le dije que si quería recuperar su camioneta, viniera para acá. Colgué, sintiendo cómo me temblaban las piernas. Salí del restaurante sin ver a nadie, ni siquiera a *la señora*, que me seguía con la mirada.

El sol me cegó por unos instantes. Me cubrí los ojos con la mano y cuando logré ver el otro lado de la calle, hacia la Toyota roja, vi a José agachado, como si revisara una llanta, excepto que no había ninguna llanta. Estaba encorvado, mientras tres *chavos* morenos, con pantalones verdes hasta las rodillas, corrían. Uno de ellos se volteó y le lanzó una botella, que no lo alcanzó pero se estrelló con un estallido de vidrios rotos.

—¡Los voy a reventar! —grité, corriendo detrás de ellos, buscando algo para aventarles. Estaba dispuesto a apalearlos.

José estaba apoyado sobre una rodilla, herido de una puñalada. A un lado, sobre la banqueta, había un charco de sangre como un mapa de México. Los borrachos y sus perros se acercaron para ver si podían ayudar.

—¡José! —grité sobre él, desabotonando su chaqueta—. Los atraparé. Me los quebraré a todos, uno por uno.

Lo acosté sobre la acera, sus piernas pataleaban en el aire como si montara en bicicleta. La sangre le escurría del hombro a la cintura. Sus ojos concentraban lágrimas a punto de rodar por sus mejillas. No supe si eran de dolor, o de vergüenza de haber sido acuchillado por un grupo de *changos* de trece años.

José se puso de lado, ayudándose con las piernas. Intentó levantarse, pero lo mantuve acostado, y pedí a los borrachos que fueran donde Cuca por ayuda y trajeran hielo y toallas. Se alejaron con los perros tras ellos, meneando sus rabos.

—Debiste haberme esperado —gimoteé.

A lo lejos, se escuchó la campana de un carrito de *Helados Mexicano*, y más lejos aún, con menos dulzura, la sirena abierta de una patrulla de la policía.

La mañana siguiente salí hacia el hospital con la cabeza en alto, no porque me sintiera bien sino porque tenía que mantenerme alerta. En cualquier momento alguien podría clavarme un cuchillo. En cualquier momento Ángel podría sacar una pistola de una bolsa de papel y dispararme al cruzar, o al agacharme a amarrarme los zapatos.

"Nada está bien", pensé mientras se abría la puerta del hospital y el aire frío sustituía el aire cálido y húmedo de fuera. Observé que

había más gente entrando que saliendo. Un pensamiento tenebroso, sin duda. Apareces un día en el hospital y luego no sales.

Corrí hasta el sexto piso. José estaba acostado con sondas en la nariz y agujas intravenosas en los brazos. Cosido, drogado y tumbado sobre una limpia almohada, José se iba a salvar.

Su familia estaba ahí. Intuí que pensaban que todo era mi culpa. Traté de decirles que había ido a hacer una llamada telefónica y cuando regresé José había sido acuchillado. Voltearon la mirada cuando les hablé de la camioneta Toyota roja, y de cómo José me ayudaría. Asumían que era mi culpa, y José estaba tan atontado como para decirles lo contrario. Carros llenos de parientes se presentaron. Hasta Leti, la ex apareció derramando lágrimas. Lloraba tapándose la cara con las manos, ambas tatuadas con las iniciales de José, según pude ver. La madre de José la abrazó, y Leti la abrazó de vuelta. Era la típica escena de solidaridad familiar.

Caminé de regreso al restaurante de Cuca. La camioneta del señor Stiles había desaparecido. Supuse que habría venido por ella; quién sabe si vio o no la sangre seca de José sobre el pavimento.

Compré una paleta y examiné mi situación. Había devuelto la camioneta, pero a cambio de ver a mi amigo acuchillado. En otras palabras, cambié un dolor de cabeza por otro. Luego, ahí estaba Ángel, rondando en algún lugar de Fresno. En ese mismo instante podría estar golpeando a alguien con un tubo, o asaltando un *7Eleven*.

Corrí hacia la parada de autobús, mientras mi paleta se derretía. Conservé mi distancia de los borrachos y sus perros. Diez minutos más tarde abordé un autobús, y me volví a asustar al darme cuenta de que había más gente subiendo que bajando. Todos éramos pobres, todos yendo a alguna parte. Pero, ¿adónde? ◆

# Capítulo 5

◆ QUERÍA correr directo hacia el futuro, pero seguía caminando en círculos. Con la cara sucia y los puños cerrados, regresé el parque Holmes. Sentado en una bardita junto a un grupo de *mocosos* de secundaria, me encontré a Samuel, el hermano menor de Lupe. A sus pies había un equipo de sonido portátil y un par de bolsas de papel arrugadas. Habían inhalado pegamento. Cuando me vieron, entre risitas y comiéndose las letras, me pidieron que les comprara un refresco.

—¿Han visto a Ángel? —gruñí. Tenía calor y estaba de mal humor. La larga caminata desde el lado oeste de la ciudad me pesaba sobre los hombros.

Los jóvenes *cholos* se soltaron riendo como idiotas que por poco se caen de la barda. Estaban completamente drogados, viajando en pegamento de avión. Samuel apuntó hacia el cielo. Estás equivocado, pensé. Si a algún lugar iría Ángel, no sería allá arriba sino más bien abajo, con el diablo, el más *cholo* de todos los *cholos*.

Los mandé a volar y fui al gimnasio, donde el *Coach* estaba sentado majestuosamente en un banco, como un rey, inflando un pelota de baloncesto. Le pregunté si había visto a Ángel, pero me respondió con otra pregunta.

—¿Cómo te va con tus estudios?

—Ya me salí. Es una tontería.

*Coach* era un buen tipo, veterano de la guerra de Vietnam, había sido pandillero de joven y tenía un montón de tatuajes subiéndole por ambos brazos como un par de torbellinos. Había sido muy rudo pero ahora, como encargado del gimnasio, su trabajo era inflar pelotas de baloncesto y administrar juegos de ajedrez, damas y un juego de mesa llamado *Sorry*, a los pequeños. De vez en cuando separaba a los chicos que se peleaban, recibiendo uno que otro golpe antes de que los policías llegaran a hacer su propia fiesta. Sabía bastante como para no meterse conmigo por haber dejado de la universidad.

—Ayúdame, Eddy —pidió—. Dibuja las líneas de la cancha.

—¿Dónde?

Soltó la válvula del balón y señaló afuera hacia el campo de beisbol.

Los martes por la noche, el parque se le cedía a una liga de softbol, generalmente los típicos blancos de treinta y tantos: carpinteros, albañiles e instaladores de tejas, un grupo de atletas vueltos a nacer con panzas que parecían bultos de cemento. Los *cholitos* solían robarles sus coches, a veces llegando al extremo de llevárselos con el radio a todo volumen. Pero se había vuelto más difícil en estos días, ahora el parque contrataba su propia seguridad, los mismo rufianes de la prepa que preferían verte muerto antes que darte la mano.

—Te invito un refresco —dijo *Coach*, abriendo la maquina de refrescos. Tomé un Dr. Pepper, esa gran medicina marrón, y me la bajé de un trago. Aplasté la lata y eructé.

—Me enteré de lo de José —dijo *Coach*, chasqueó la lengua y meneó la cabeza con reprobación—. ¿Estuviste ahí?

—Sí —respondí en voz baja. Una imagen de José a gatas, con la sangre cayendo al suelo como arena, se desplegó en mi mente—. Apenas lo mencionaron en el periódico. La misma mierda de siempre.

En la página de los obituarios, el *Fresno Bee* había publicado la noticia del apuñalamiento, dedicándole a él —es decir a nosotros— siete centímetros de plana, la misma profundidad que el cuchillo había alcanzado en el cuerpo de José. Mencionaron mi nombre como testigo, lo cual consideré una estupidez, porque los paisanos podrían venir por mí.

–Es una pena –dijo *Coach*.

Alcé los hombros. ¿Sí y qué más?

Mientras *Coach* seguía inflando pelotas de baloncesto, fui a buscar la máquina de cal, es como una podadora excepto que suelta una línea pareja de cinco centímetros para marcar el área de juego. Cuando estaba en tercer grado, un viejo pandillero de los años sesenta me dijo que eran rayas de cocaína. Me aterrorizó la idea de tener tanta droga echada así en el suelo, con un grupo de pandilleros como nosotros listos para aspirarla como osos hormigueros. Pero luego se rió y me dijo que eran sólo restos de gis pulverizado, de todos los profesores que habían renunciado. Me sentí mejor con esa explicación.

Estaba marcando las líneas cuando Samuel y sus amigos entraron tambaleándose en el diamante. Comenzaron a pisotear y arruinar las líneas.

–Pequeños delincuentes –grité furioso.

Me insultaron y se rieron con la risa típica de los inhaladores de pegamento. Intenté alejarlos dirigiendo la máquina hacia ellos a unos centímetros de golpearles las rodillas. Uno tropezó y los otros saltaron hacia atrás, riéndose. En ese momento, Samuel sacó un puñal, la hoja reluciente como espejo de auto.

–Aquí tienes esto –dijo, asestando una puñalada en el aire, a más de tres metros de distancia–. Te crees demasiado bueno para nosotros, ¿verdad?

Antes de que pudiera darle una paliza, apareció *Coach* desde el gimnasio, ordenándole a Samuel y a su pandilla que se alejaran.

–¡Fuera! –gritó, mientras entraba en el diamante–. ¡Quedan suspendidos por dos semanas!

Los paisanos insultaron a *Coach* y se alejaron corriendo hacia el estacionamiento. Se detuvieron y nos hicieron una grosería con el dedo. Eran como vapores sobre el asfalto negro.

–Pequeños maleantes –dijo *Coach*–. No sé si sobrevivan si se siguen comportando así.

Salí del parque sin terminar mi trabajo. Decidí ir a ver a mi *nina*, ya que estaba a pocas cuadras de su casa. Quería llamar a mi mamá desde ahí, pedirle que me enviara dinero para tomar el autobús y visitarla por unas semanas. Necesitaba alejarme de Fresno.

Atravesé First Street, que estaba manchada con los peludos restos de dos ardillas, los *cholitos* del reino animal. Salté por encima de sus pequeños cuerpos y luego me refresqué con el rociador de un patio lleno de tierra. Eran casi las tres de la tarde. El sol hacía sudar a cualquier cosa que se moviera, gente, animales y tal vez insectos también.

"Mierda", me dije, al ver a Samuel y a su pandilla al final de la cuadra. Me esperaban, esta vez con dos cuchillos que reflejaban la luz del sol. Me gritaron algo inaudible, alguna estupidez probablemente, y me alejé. No es que les tuviera miedo, en realidad no tenía ganas de ensuciarme con una ronda de *chingasos*. Me escabullí por un callejón corriendo sobre vidrios rotos y montones de basura. Miré hacia atrás y me venían siguiendo. "Qué gracioso", pensé. Podía pegarles a todos, pero la mera idea de ensuciarme los nudillos de sangre con sus feas caras me hacía seguir corriendo. "*Cholos* de poca monta", murmuré entre dientes.

Salté una cerca y caí en un patio donde una anciana tendía ropa recién lavada. Al principio la señora no me oyó, pero abrió grandes los ojos en su cara arrugada al verme encorvado contra la cerca, jadeando como conejo. Me observó por un instante, y luego escuchó las voces de Samuel y de su pandilla en el callejón.

–Me persiguen, *señora* –susurré. Me llevé un dedo a la boca, indicándole que guardara silencio.

Pero ella soltó la ropa húmeda en su canasta de plástico y gritó "¡Rubén, Rubén!" Mantuvo la mirada fija en mí, memorizando mi rostro.

"No hay misericordia para mí", pensé.

Su marido, también un hombre de edad, apareció en la sombra gris de la puerta de tela de alambre. Estaba sin camisa, su panza colgaba sobre su cinturón. Tenía los cabellos revueltos, como si hubiera estado recostado.

–¿*Qué, vieja*? –gritó.

La señora apuntó hacia mí.

Se metió en la casa; sabía que iba por su pistola o llamaría a la policía. Me puse de pie de un salto. Cuando corrí hacia el patio vecino, la señora se agachó, agarró la ropa mojada y me golpeó por la espalda. La empujé fuera de mi camino y casi la tumbo. Brinqué la cerca hacia el patio próximo, donde dos perros chihuahueños, con los dientes torcidos, comenzaron a ladrar. Ambos llevaban puestos unos suéteres mugrientos. Miré hacia la puerta. Como era de esperarse, un rostro de mujer apareció al instante.

Como Flash Gordon salté otra cerca y corrí a toda velocidad por una cochera hacia una calle que parecía agonizante. Los céspedes lucían amarillentos y los rosales estaban cubiertos de maleza. Unos niños jugaban baraja a la sombra de un porche. Pasé rápidamente enfrente de ellos y me siguieron con la mirada. Uno me insultó, pero a los diecinueve años y con problemas en aumento, preferí ignorarlo. Mi vida valía más.

En la esquina, me oculté tras un sicomoro, haciendo tiempo mientras raspaba la corteza del tronco. No vi a Samuel o a su pandilla, ni al viejo sin camisa. Podía haber cruzado la calle, saltado sobre aquellas ardillas muertas para llegar al parque de nuevo, donde era en cierto modo seguro. Podría haber regresado a mi apartamento y esperado a Ángel. Al menos conocería a mi enemigo.

Pero la casa de mi *nina* estaba sólo a tres cuadras. Comencé a caminar rápidamente, sin correr, hacia allá. Me quité la camiseta, amarrándola alrededor de mi frente como una bandana.

Mi *nina* apareció en la ventana cuando toqué a la puerta. Miró primero a través de la cortina, evaluándome, y luego de unos segundos decidió abrir la puerta, cuidadosamente. Tenía lágrimas en los ojos, como gotas de agua en una hoja después de la lluvia.

–¿Qué te pasó en la cabeza? –preguntó.

Me desamarré la camiseta, ignorando la pregunta. Le pregunté si podía usar el teléfono.

–Por supuesto –dijo, abriendo la puerta del mosquitero.

Una vez dentro, agradecí el frío húmedo del aire acondicionado. La sala estaba oscura con las cortinas cerradas para alejar el calor, y el televisor con el volumen bajo despedía una tenue luz macabra que hacía resplandecer los muebles. Miré por un instante el programa, una *telenovela* romántica. Una hija se veía molesta con su madre, cuyo rostro estaba bañado en lágrimas.

–¿Por qué lloras? –le pregunté.

–Hoy llevaré a Queenie a la perrera –respondió lentamente, como si estuviera leyendo la receta de una caja de cereal. Las lágrimas volvieron a rodar por sus mejillas. Dijo que Queenie era tan vieja, que sería mejor que la durmieran.

Un escalofrío recorrió mis brazos, calmando la rabia que sentía contra Samuel. Recordaba a Queenie, una perra mitad collie, cuando la trajeron hace diez –no, muchos más– años. Era una buena perra, podía atajar frisbis en el aire. Es más te daba la pata. Su peluda nariz exhalaba puro amor.

—Lo siento —dije. Miré alrededor de la sala—. ¿Dónde está?

Me dijo que la perra estaba en el patio trasero y me ofreció un refresco. Lo acepté.

Mientras ella iba a la cocina, utilicé el teléfono del pasillo, donde el ducto del aire acondicionado soplaba un aire casi helado. Llamé a Merced, un pueblo cien kilómetros al norte de Fresno, pulsando los números. Mamá contestó al quinto repique, y cuando le dije, casi a gritos, "Soy yo, mamá", ella preguntó, "¿Quién?"

—Soy tu hijo, el bueno para nada —grité al teléfono. Recordé que tenía un aparato para sordera, así que añadí—: Soy yo, Eddy.

—Ah —respondió—. ¿Estás en un lavado de autos?

El aire acondicionado hacía mucho ruido.

—No, estoy en casa de mi *nina* —volví a gritar.

Entonces, en vez de escucharme o preguntarme acerca de José Domínguez, cuyo nombre debió haber leído en el periódico, me preguntó si había usado el dinero que me había dado para comprar café. Vendría a la ciudad en una semana y quería asegurarse de que tuviera café en la despensa la próxima vez que me visitara. Me dijo que estaba muy avergonzada de que no tuviera nada que ofrecerle a la tía Gloria.

—¡Olvida el café! Necesito que me envíes veinte dólares. ¡Tengo que salir de aquí cuanto antes!

—Pero si tienes un buen trabajo, pintando los números —respondió—. Tú dijiste que ganabas bien.

—Mamá, es en serio —grité—. ¡Necesito el dinero ahora mismo! Tengo que quedarme contigo un par de semanas.

Me prometió que iría a la oficina de correos para enviarme el dinero una vez que se hubiera arreglado el cabello, es decir, teñido y rizado en un estilo de peinado de anciana. Luego se puso a alardear de cómo había ganado noventa dólares en Reno, además de un *walk-*

*man* estéreo, que me obsequiaría si pintaba los números de su casa y la de su *comadre*. El walkman no tenía baterías, pero me las compraría si lavaba todas las persianas de sus ventanas. También tenía un cupón de dos por uno, válido hasta fin de mes. Llegó un momento en que no pude aguantarlo más, y le dije que estaba llamando de larga distancia. Colgué después de tres o cuatro despedidas y un "yo también te quiero, mamá".

Mi *nina* no estaba en la cocina. Pensé en abrir el refrigerador y tomar un puñado de carnes frías, pero me contuve. Tenía que mostrar un poco de respeto.

Sobre la mesa estaba mi refresco, esa medicina azucarada que era capaz de beber como un buen soldado. Le quité la tapa y me lo llevé al patio de atrás. Mi *nina* le daba palmaditas a Queenie, que temblaba sobre una manta de bebé rosada. Las cataratas le habían puesto los ojos de un color blanco lechoso, y gran parte del pelaje de su cola había desaparecido. Estaba hecha un verdadero desastre.

–Siento mucho lo de Queenie –dije.

Me pareció de mala educación beber justo después de semejante comentario.

–¿Te encuentras bien? –preguntó ella.

Sabía que se refería al episodio con José. Me había vuelto un tema de conversación en Fresno, para cualquiera que pudiera leer algo más que un menú. En algún lugar, alguien sopeaba una dona en una taza de café caliente y pronunciaba mi nombre. En algún lugar alguien estaba diciendo: "Lo ves, te lo dije, el muchacho salió *puro malo*".

–Estoy bien, pero a José le fue mal. Ha sido muy duro para su familia.

Estuve a punto de añadir que la familia de José me culpaba a mí por todo el asunto. Mi *nina* me puso una mano en el hombro y me dijo:

–¿No me acompañarías?

–¿A la perrera? –pregunté.

Asintió con la cabeza.

No había visto a mi *nina* en un año, y me sorprendió ver como había envejecido. Sus ojos también estaban llenos de nubes, y sus manos temblaban como hojas. Alrededor de su cuello colgaba, no un crucifijo, sino tres, una señal definitiva de vejez.

Acepté acompañarla. Me bebí mi Dr. Pepper, lo único dulce en todo el día, y cargué a Queenie hasta el carro. Mi *nina* comenzó a llorar en serio, dejando salir nubes de tormenta de sus ojos con *rímel* negro. Lágrimas negras rodaban por sus mejillas mientras palmeaba a Queenie y le decía que Dios cuidaría de ella.

Era una escena penosa. Mientras mi *nina* conducía, yo le daba palmaditas a Queenie, sintiéndole nódulos bajo su pelaje. ¿Sería cáncer? Cuando se los presionaba, gemía. Era una mala señal.

–*Nina* –dije–. Las cosas allá afuera están mal.

Ella sabía muy bien a qué me refería.

Pasamos por una sección de Fresno venida a menos, donde los paisanos jóvenes andaban en pegamento o pintura, o tal vez polvo de ángel. Era triste –no, más bien daba miedo–, verlos a todos viajando de esa manera. Miré a un grupo de *cholitos* como de la edad de Samuel, sentados a horcajadas en sus bicicletas, con los pantalones cortados a las rodillas y los pelos aplastados con redes. Alrededor de sus cuellos, relucía nuestro Salvador crucificado brillando en cadenas de oro. Cualquiera de ellos podría haber sido el imbécil que acuchilló a José. Me sentí tentado de pedirle a mi *na* que detuviera el coche por un minuto, para darles una buena paliza, pero teníamos cosas más importantes que hacer. Teníamos que llevar a Queenie a que la durmieran.

–¡Basura! –masculló mi *nina* a los *cholos*–. Arruinaron nuestra ciudad. –Sus nudillos se pusieron blancos de apretar el volante–. Me alegro de que tú no hayas salido como ellos.

–Yo también –respondí en un susurro.

Condujimos en silencio, la ciudad ahora se convertía en un paisaje rural de fincas horrendas con tractores oxidados parados bajo el sol ardiente. Palmeé a Queenie y mi *nina* mantuvo su atención en el camino. Finalmente me preguntó por segunda vez si estaba bien, y le respondí que sí. Le dije que la vida estaba muy bien y, mintiendo en grande, que la universidad era muy divertida.

En el estacionamiento de la perrera municipal, mi *nina* me pidió que llevara a Queenie. No sabía qué hacer. Acaricié a la perra, ignorante por completo de nuestros planes, y le pregunté a mi *nina*:

–¿En verdad quieres que lo haga?

Sus ojos estaban húmedos. Su perfil era como el del presidente Lincoln en un centavo, mirando al frente, sus manos sujetaban el volante. Seguí su mirada hacia una familia que salía de la perrera, llevándose a un cachorro de patas largas y delgadas.

–Aquí tienes –dijo mi *nina*, despabilándose para sacar la billetera. Me puso en la mano un billete de veinte dólares–. Te pedirán un donativo.

No pude mirarla, mucho menos a Queenie, que temblaba en mis brazos con los ojos llorosos de inhalar su propia cebolla. Salí del auto y cerré la puerta con cuidado. Caminé sobre la grava que estaba tan caliente como el carbón. Antes de entrar, eché un último vistazo hacia el carro. Mi *nina* permanecía sentada sujetando el manubrio.

Los olores eran fuertes dentro de la perrera, y los ladridos de perros retumbaban en el pasillo. Caminé hacia un hombre blanco de lentes gruesos con cara de tonto. Estaba escribiendo sobre una tablilla con sujetapapeles, muy concentrado. No se veía muy despierto que digamos.

–¿Te llevas esa perra? –me preguntó sin alzar la mirada.

Asumió que había recogido a Queenie de atrás y que la pensaba adoptar.

–No, paisano –le dije–. Mi perra está en muy mal estado.

El tipo miró a Queenie y luego a mí.

–¿Es callejera? –preguntó.

–Es un perro de familia –respondí, agresivamente–. Una mascota. ¿Tienes idea de lo que es una mascota familiar?

El tipo se me quedó mirando con sus lentes.

–Más vale que te revisen la vista –dije–. Traje a esta perra para que la pongan a dormir.

Su boca era apenas una línea dibujada sobre su rostro. Me dio la tablilla y me pidió que llenara un formulario desteñido. Anoté mi dirección, ya que no me sabía de memoria la de mi *nina*.

–Lo siento, Queenie –murmuré. Le di un último abrazo. Ya no me reconocía, estaba ciega y sorda. Sólo podía expresarle algo de mi amor a esta pobre perra que tenía como doce años –unos cien años de vida perruna–, y que estaba por exhalar su último suspiro.

El muchacho se la llevó con cuidado, porque podía ver que yo estaba a punto de estallar con una tristeza que rayaba en la rabia. Se fue por unos cinco minutos.

Cuando regresó, le pregunté si había algún cargo. Me dijo que podía hacer una donación.

Saqué el billete de veinte dólares de mi bolsillo. Me sentí mal, pero tenía que hacerlo; estaba muriéndome de hambre y le dije:

–¿Qué tal diez dólares?

–Ése es un billete de veinte –respondió el muchacho.

Cuando la luz azul cerca del techo se disparó, alcé la vista hacia el destello. Algo se había chamuscado, y bien podría haber sido mi alma.

–Sí, yo sé que es de a veinte. ¿Tienes cambio? –le dije al tipo.

–¿Dos de a diez?

–Así es. Diez para ti y diez para mí.

Con eso la luz azul chamuscó a otra mosca negra.

Lupe golpeó a Samuel en el brazo, le jaló el pelo y le gritó que nunca jamás debía sacarle un puñal a un amigo, refiriéndose a mí.

Después de que mi *nina* me llevó de regreso a la ciudad y me alimentó con tres sándwiches, que acompañé con igual número de vasos de leche, y después de que escuché una y otra vez lo buena que había sido Queenie, y después de que añadí mis propios comentarios acerca de lo dulce que era Queenie, fui a ver a Lupe. No se encontraba en casa. Regresé al otro día al atardecer y le dije que el imbécil de su hermano se estaba metiendo en problemas, y que si por mi fuera le daría una golpiza. Ahora Lupe tenía arrinconado a Samuel en el jardín.

–¿Me oíste? ¿*Entiendes*? –gritó Lupe, furioso. Era de temer cuando se molestaba. Sin embargo, yo sabía que no iba a durar. Sabía que un día, algún vato le haría un daño mortal, o se apagaría por las cicatrices y huesos rotos. Pero mientras tanto, cada uno de los pelos de su cuerpo se erizaba cuando se enojaba. Y se enojaba a menudo.

–Dile que lo sientes –lo regañó Lupe. Parecía un G.I. Joe, las piernas separadas y los puños cerrados. Pero en lugar de ser verde y en miniatura, Lupe era cien veces más alto y moreno como la tierra a sus pies.

Para escapar de Lupe, Samuel correteaba por el jardín. La suela de sus tenis estaba roja por los tomates.

–¡Di que lo sientes! –repitió Lupe. Puso un dedo en la cara de Samuel–. ¡Vamos, *tonto*, escúpelo! Di que lo sientes.

–Te voy a agarrar –dijo Samuel, entre lágrimas, señalándome.

Aunque sabía que podía estrangularlo tan fácil como a un burrito de tortilla, sentí una pizca de temor. Pensé en atacarlo ahí mismo para no tener que preocuparme por él más adelante, pero mantuve la calma. Lupe lo golpeó unas veces más antes de mandarlo a que lo arrollara un auto en la calle.

—A ti también te voy a agarrar —gimió Samuel, señalando a Lupe.

—Más vale que hagas pesas, primero —murmuró Lupe. Le arrojó una berenjena que le dio a Samuel en la espalda mientras escalaba la cerca. Tuve que sacudir la cabeza.

—Te voy a agarrar, Eddy —gritó Samuel desde el otro lado. Lanzó una piedra contra la cerca y se alejó corriendo.

Lupe sacó un refresco del refrigerador para mí y nos sentamos en el patio delantero. Le conté todo el asunto de José Domínguez, hasta la parte de la sangre que cayó con la forma de México en el pavimento. Le conté incluso acerca de la camioneta del señor Stiles.

—*Mala suerte* —dijo Lupe.

Le conté del negro que nos vendió las cebollas. Teníamos tres sacos; si quería uno se lo podía llevar a su casa. Por suerte, dijo que no. Detestaba la idea de arrastrar cebollas tres kilómetros.

—¿Quieres ver a José? —pregunté.

Lupe se metió una hoja de pasto en la boca, pensativo.

—Sí, ¿por qué no? —dijo, poniéndose de pie y sacudiéndose la hierba de los pantalones.

Como ninguno de los dos tenía auto, empezamos a caminar por un callejón en dirección del hospital comunitario. Estaba atardeciendo. El sol bajaba navegando hacia al Oeste para trabajar con los chinos por un rato. Y justamente porque estaba atardeciendo, el viento del valle sopló con fuerza, enfriando el asfalto y removiendo el olor a basura. En un callejón nos pareció ver a Samuel lanzando focos fundidos por diversión, pero eran otros *mocosos*. Los focos se reventaban en el suelo con un estallido alocado que hacía gritar a los niños de alegría. Era un juego divertido, cuando no había nada mejor que hacer.

—¿Alguna vez te han picado? —preguntó Lupe.

—No, hombre —dije.

—No duele. Es como el hielo.

Miré a Lupe incrédulo. Se levantó la camiseta y me mostró un pliegue rosáceo de piel, como un ombligo adicional en la cintura.

—Es como el hielo. Te cosen y estás listo. Como un lugar de comida rápida; entras y sales.

No le creí. Una vez me corté un dedo con una sierra y la piel se abrió como una branquia, la sangre brotó, densa y pegajosa. Sí que dolió, por varios días. Ahora, por las noches en mi cama, podía sentir la cicatriz suave y sedosa con mi pulgar.

Un carro de policía se detuvo al final del callejón. Se detuvo y nos miraron; los vidrios reflejaban la última luz del atardecer. Pasamos frente a la patrulla y cuando miré hacia el interior vi a un policía con un corte de pelo de cepillo. Sabía que detrás de esos lentes oscuros nos observaba con desprecio, a nosotros, los morenos que estábamos estropeando el mundo.

El orate de Lupe echó un vistazo al policía, y cuando la puerta se abrió, extendió los brazos a los lados y alzó la barbilla como diciendo, "¿y qué?"

—¿Han visto a dos chicos en bicicleta? —preguntó el policía. Trataba de averiguar si arrastrábamos la lengua de inhalar pegamento. Quería saber si al golpearnos en la cabeza con su macana tendría que luchar, o estaríamos tan perdidos que sería pan comido para él.

—No, señor —dije, y luego, sin saber por qué, añadí—; vamos al hospital, de veras.

El policía nos miró de arriba abajo, evaluando nuestra *movida*, mientras estudiaba y memorizaba nuestros rostros. Podía habernos detenido, pero eran apenas las siete, aún no estaba oscuro, y la noche se pondría tenebrosa en un par de horas. Probablemente pensó en para qué desperdiciar su tiempo en dos *burros* jóvenes como nosotros.

En el hospital seguía entrando más gente que la que salía. Lupe y yo sonreímos de oreja a oreja a causa del aire frío. Subimos por el elevador hasta el quinto piso, donde José compartía el cuarto con un paciente de cáncer, un hombre que llegó a los setenta años antes de que el destino lo atrapara. Al entrar de puntillas al cuarto de hospital, pensando que tal vez José estaría dormido, lo vimos sentado sin tubos en la nariz, conversando con alguien.

—¿Qué tal, *homes*? —dijo Lupe, en tono amigable.

José, con todo y su cara gris, sonrió. Se sentía mejor. Pero cuando el tipo que estaba sentado en el borde de la cama se volteó, me sobresalté al ver que era Ángel.

—Hola, Lupe —dijo Ángel sonriente. Luego se dirigió a mí—: Flaco, ¿dónde has andado? Te he estado buscando, joven universitario.

—¡No me llames así!

Ángel sonrió, pero detrás de su sonrisa y de sus ojos pude ver la rabia. Se paró de la cama y se puso frente a nosotros, temiendo que intentáramos abalanzarnos sobre él ahí mismo. Ángel era cuidadoso en todo momento, aun con los amigos. Particularmente con los amigos que más frecuentaba.

—La universidad es una mierda —le dije a Ángel. A José le pregunté—: ¿te sientes mejor?

—Un poco mejor. En tres días salgo de aquí —respondió José débilmente. Nos dijo que el paisano que lo había picado, por un pelo y le da en los intestinos. Levantó el pulgar y el dedo índice, indicando un par de centímetros.

Cotorreamos con José y le dijimos una y otra vez que lamentábamos que no pudiera partir a Corea de inmediato. Nos habían dicho que las chicas eran muy guapas allá.

–Tienes razón, Eddy –dijo José–. Este lugar es un atolladero, no pienso volver nunca más.

–¿Vas a vivir en Corea? –preguntó Lupe.

–Tal vez.

José maldijo a Fresno y a todos los *cholitos* de las calles. Lupe se levantó la camisa, mostrándole a José el lugar donde lo habían acuchillado. Ángel se descubrió el hombro para mostrarnos su herida, una pequeña cicatriz en forma de gancho. Yo no tenía nada que mostrar, salvo mis nudillos marcados de cuando le pegué a un tipo en los dientes superiores.

–*Mira* –dijo José. Nos mostró el brazalete plástico del hospital con su nombre mal escrito. Decía JOES.

–Se parece –comentó Ángel–. Por lo menos tiene todas las letras.

–Este hospital es un lugar triste –dijo José. Señaló la cama vecina, oculta tras una cortina–. Ese tipo se va a morir.

Ángel miró furtivamente y dijo:

–Tiene tubos en la nariz. –Se tocó su propia nariz–. ¿Recuerdan cuando inhalábamos cemento?

–No toquemos ese tema –dijo José. Él era un *marine* ahora, y no quería remover el pasado.

Hablamos de deportes y mujeres un rato más. Como a las ocho, le dije a José que me tenía que ir pero que volvería a visitarlo de nuevo.

–Lo siento –le susurré al oído–. Siento haberte causado todo este problema, hermano.

Me tomó la mano amistosamente.

–Tú no me hiciste nada. –Luego añadió, riéndose–; ya sabes, si alguien te sorprende, ve directo a la garganta.

Toqué mi garganta. Había estado irritada durante dos días, pero ahora sentía la saliva bajar cuando tragaba, la tráquea plenamente despejada. Pasé mi mano sobre su peinado de *marine* y le dije:

—Estás confundido. Mejor duerme para que se te pase.

Salí solo del hospital. Lupe se quedó, pero yo sabía que Ángel me seguiría, como un *ratoncito* solapado, acechándome a cincuenta metros o una cuadra más atrás. Trataría de matarme, y no con un cuchillo sino con el arma de mi tía. Me escondí junto a unos carros estacionados, esperando a que Ángel saliera. Luego de casi una hora de espera me di cuenta de que Ángel, el diablo de todos los *cholos*, se había escabullido por la parte de atrás, por la misma puerta por donde salían los cadáveres camino a la funeraria. ◆

# Capítulo 6

◆ PARA abrir mi corazón con todos sus problemas, habría tenido que buscar un sacerdote, algún sacerdote con líneas de sabiduría marcadas en la frente. Me habría arrodillado en uno de esos húmedos y fríos confesionarios, temblando y murmurando entre dientes: "Padre, he pecado". O podría haber buscado a un maestro de arte de la escuela preparatoria que me agradaba, pero oí que se había mudado a Oregon. También tenía a mi *nina*, y a un policía amigo en quien confiaba. Se llamaba Raúl Hernández, el hermano mayor de Edgar, uno de mis compañeros de la prepa. Aunque Raúl era policía, su verdadera labor había sido organizar un programa antipandillas que consistía sobre todo en conseguirles trabajos de verano a los paisanos. Me hubiera encantado obtener uno de esos empleos, pero no era lo suficientemente malvado. Había que ser un verdadero criminal para barrer hojas, pintar sobre *placas* o recoger basura a cambio de un buen salario.

En cambio, un sábado por la mañana fui a ver a *Coach* en el Parque Holmes. Llegué justo cuando estaba abriendo. Los primeros chicos, algunos descalzos y otros con sandalias que les golpeteaban las plantas de los pies, corrían hacia el gimnasio para sacar balones de volibol, pelotas achatadas de pin-pon, y si uno era tan tonto como para jugar a pleno sol, pelotas de baloncesto tan llenas de aire que se driblaban solas. Para el mediodía, cuando *Coach* abría la piscina, los chicos estaban bañados en sudor. Se metían en la piscina para refrescarse y luego se quedaban ahí hasta la hora de cierre. Yo había seguido la misma rutina: jugar como loco, seguido por un baño de cocodrilo en nuestra piscina de medio metro.

Mientras *Coach* se dedicaba a lo suyo con los niños, me senté sobre una mesa bajo un árbol, sintiéndome culpable porque esa mañana había usado los diez dólares de la perrera para comprar cereal, leche, sopa instantánea, ciruelas en el mercado de los granjeros, y rastrillos Bic de dos por uno. Me detestaba por haber tomado ese dinero. Maldije mi propia persona, tan patética que apenas era capaz de proyectar una sombra del tamaño de un frijol. Recé para que Queenie, probablemente incinerada para ese entonces, me perdonara.

El cielo se llenó de nubes altas a medida que la mañana transcurría. Pensé en José. En realidad era un buen tipo, pero en cuanto a su suerte no era muy afortunado. Cometió un error: regresar a Fresno en su día libre. Debió haber ido a San Diego a beber cerveza. De esa manera, estaría trepado en la barriga de un avión militar volando, con su morena humanidad, rumbo a Corea para cumplir con su deber y no en el hospital con un par de gaviotas de tierra dando vueltas afuera.

*Coach* se acercó con dos refrescos en una mano. Se detuvo al ver a uno de los chicos, un artista del trapecio –y seguro artista del robo a casa habitación en un futuro–, trepar la cerca del fondo. *Coach* le gritó que se bajara. El niño maldijo lo suficientemente fuerte para que escucháramos y cayó al suelo levantando una polvareda.

–¿Qué ocurre, Eddy? –preguntó *Coach*. Me pasó un refresco, pero antes de abrirlo le conté mi vida resumida, desde la muerte de mi padre hasta cuando acuchillaron a José. Me tomó diez minutos, incluyendo pausas para que *Coach* regañara a un par de *mocosos* que presionaban los grifos de los bebederos, disparando chorros de agua. Apresuré mi historia y aunque a mí me parecía complicada, al momento de contarla parecía como una tira cómica de las que vienen con los chicles Bazooka.

–No quiero seguir viviendo en este lugar. –Con esta frase terminé. Abrí mi refresco y me eché un largo trago–. Las cosas están muy feas por aquí.

El *Coach* tenía el ceño permanentemente fruncido, producto de años de escudriñar el parque. Fruncía el ceño aun en la oscura sombra del gimnasio, lo fruncía porque siempre estaba ocupado tratando de averiguar lo que sucedía a su alrededor. ¿Estaban los niños pintando sus *placas* en la pared del gimnasio? ¿Estaban los paisanos inhalando pegamento detrás de la cerca? ¿Había hombres bebiendo cerveza en las gradas soleadas? Su radar estaba encendido todo el tiempo. Me imaginé que aun en sueños sus ojos se movían bajo sus párpados, siempre vigilantes.

–¿De veras te quieres ir? –me preguntó, aunque su mirada estaba cerca de los columpios, donde dos chicos se insultaban.

–Eso creo.

–¿Has pensado en el servicio militar?

Vi en mi mente a José en uniforme, firme como una velita de cumpleaños y luego tumbado en el piso con dos navajazos.

–Pues no –dije, luego de una breve pausa.

*Coach* me contó de cuando él había estado en el ejército en Vietnam y no había sido tan terrible. Se conocía gente buena y gente mala y a veces gente muerta. También se conocía un poco de mundo. Había estado en el sudeste del país y en Japón, y por poco lo asignan a un puesto fijo en Alemania. Me dijo que pudo ir a la universidad gracias al servicio militar. Me dio una palmada en el hombro y me preguntó:

–Por cierto, ¿no que estabas en la universidad?

–Le dije que la dejé.

–¿Me dijiste eso?

—Sí, cuando dibujé las rayas del campo de beisbol, ¿recuerda?

*Coach* sacudió la cabeza y comentó que tenía muchas cosas que recordar. Se paró de un salto y, con las manos alrededor de la boca, les gritó a los niños de los columpios que pararan. Habían empezado a empujarse el uno al otro.

—Pequeños delincuentes —murmuró mientras se volvía a sentar.

Nos sentamos en silencio, examinando el campo con la mirada. Desde lejos yo podría haber parecido su hijo, sólo que más alto y sin tatuajes en los brazos.

—Creo que el ejército te vendría bien —dijo *Coach*.

—No lo sé, *Coach* —comenté. Me miré los zapatos, manchados de pasto y de pintura blanca y negra de pintar números. Quise tantear al entrenador, a ver qué opinaba—. Ángel está metiéndose en serios problemas.

—Ángel —murmuró. *Coach* sabía que Ángel había herido personas y ocasionado que las ancianas gritaran al regresar de las compras para descubrir sus hogares saqueados. Conocía a nuestro grupito de inhaladores de solventes: Ángel, Lupe, Jesús el muerto, y yo, desde que montábamos en bicicleta con rueditas. Sabía que la mayoría de nosotros acabaría mal, unos peor que otros, pero de todos modos le dolía—. Ángel, uno de estos días lo voy a reventar.

—¿Qué debo hacer con lo del señor Stiles? Él todavía cree que me robé su camioneta.

*Coach* me hizo un guiño y chasqueó la lengua.

—Lo llamaré, Eddy —se levantó de la banca y me condujo hacia el gimnasio, con el brazo alrededor de mi hombro. Me tranquilizó asegurándome que todo sería tan dulce como el *pan dulce*. Era más sabio que un sacerdote, más amable que mi profesor de arte y tan listo como el policía que empezó el programa de pandillas.

—¿Está seguro de que debería llamarlo? —le pregunté nervioso.

–Seguro que sí.

–¿Qué le va a decir? –le pregunté mientras marcaba los números en un viejo teléfono de disco.

–La verdad, Eddy, ¿qué más puedo decir? –*Coach* bebió un trago de refresco y frunció el ceño cuando alguien contestó, un hábito que hacía que su cara se arrugara como una bolsa de papel.

–Señor Stiles –empezó, saltando sobre un banquillo. Se presentó como el entrenador en jefe del parque Holmes y acto seguido, soltó una serie de alabanzas sobre mi santa bondad. Dijo tales maravillas que me entraron ganas de conocer a la persona de la que estaba hablando, inclusive le mencionó al señor Stiles de mi niñez en el parque, cuando fui campeón de manualidades y segundo lugar en modelado en yeso, con una réplica perfecta de la cabeza de George Washington–. Sí, sí, seguro –lo escuché decir tres veces, lo cual parecía una buena señal. Estaba hablando a mi favor. Se puso el teléfono contra el pecho y me dijo–. Sal un momento. Necesito hablar con él a solas.

Hice lo que me dijo, queriendo mantener la imagen del tipo obediente que *Coach* estaba dando de mí. Salí casi saltando sobre las líneas pintadas por los niños en el pavimento. Me bebí las últimas dulces gotas de refresco afuera, parado a la sombra del gimnasio. Podía ver a *Coach* por la ventana, asintiendo con la cabeza y moviendo la boca. En ese momento, alguien pronunció mi nombre, y no precisamente con amabilidad.

–Eddy, ¡no eres nada!

Samuel estaba de pie a escasos siete metros con dos de sus amigos, uno con la red del pelo de su madre en su cabello. Miré sus bocas para ver si habían inhalado pintura en aerosol. No había rastro alguno, lo cual quería decir que estaban sobrios, y por lo tanto eran peligrosos.

–¿Qué quieres, chico?

Samuel me enseñó su puñal.

—¿Estás tratando de asustarme, *tonto*? –le pregunté. Cerré los puños. Con el rabillo del ojo ubiqué un bote de basura, donde pensé que podría parapetarme, y luego usarlo para hacerlo sangrar si intentaba picarme.

—¿Tienes miedo, eh? Te crees muy valiente.

—En tus sueños, pequeño criminal.

Samuel lanzó un chorro de saliva cerca de mis pies.

—Mira cómo babeas –le dije con tono de burla.

Escupió de nuevo, amenazándome.

—Ángel y yo te vamos a agarrar.

Así que Samuel, el pequeño *diablito*, andaba con Ángel.

—¿Dónde está Ángel?

—¡Olvídalo, hombre!

—¿Sabe tu hermano que andas con Ángel?

Samuel avanzó hacia mí. Salté detrás del bote de basura, tomé la tapadera y la levanté, listo para dejarla caer sobre su cabeza si se acercaba más.

—Te pareces al hombre de la basura –se burló uno de los amiguitos de Samuel.

—Así es –dije, exhalando–. Y tú eres la basura.

Desde el gimnasio, con el teléfono aún pegado a la oreja, *Coach* vio la escena y golpeó la ventana con la palma de su mano. La marca húmeda de la palma se quedó por un instante en el cristal y luego se evaporó lentamente. *Coach* movió la boca, tratando de atemorizar a Samuel. Éste le plantó el dedo mayor, sin mostrar el menor temor o respeto, a pesar de que *Coach* era quien le había enseñado a columpiarse en el columpio, a deslizarse por la resbaladilla, y a nadar en la piscina cuando apenas había dejado los pañales.

—Te voy a agarrar, ya verás –me dijo Samuel cuando vio a *Coach* colgar el teléfono, preparándose para salir a perseguirlo.

Los tres *cholitos* se fueron corriendo, sin mirar atrás hasta llegar al estacionamiento. Luego de plantarnos el dedo, moviéndolo de arriba abajo como el tridente del diablo, desaparecieron en el vapor del calor que comenzaba a descender sobre Fresno.

Sin decir palabra, *Coach* regresó al gimnasio y continuó conversando con el señor Stiles. Pero cuando finalmente colgó se descargó contra Samuel, insultándolo. Estaba tan molesto que abrió la máquina de refrescos de nuevo y sacó dos.

–Ese granuja –espetó.

–No es tan malo –dije. Me sentía extraño dando la cara por Samuel, no sé por qué lo dije, quizá para calmar a *Coach*.

*Coach* bebió un largo trago y, frotándose las manos, dijo:

–El señor Stiles quiere contratarte de nuevo.

Me visualicé sobre la pequeña colina junto al árbol de abedul. Parpadeé varias veces para alejar el polvo.

–¿Contratarme de nuevo?

–Dice que trabajas muy bien.

Imaginé mi hoz subiendo y bajando y luego al pequeño niño del triciclo patrullando las calles.

–Todo volverá a estar bien, amigo.

*Coach* bebió su refresco, su manzana de Adán subía y bajaba en sincronía. Eructó. Comenzó a hojear la guía telefónica preguntándome a cada momento si quería alistarme en la marina, el ejército, los marines, o qué.

–No lo sé, *Coach*.

De pronto me sentí asustado. Quería salir de Fresno pero a la vez me daba miedo. Tenía diecinueve años y no había ido a ningún lado, dos veces a Los Ángeles y cuatro a Sacramento. Pero Sacramento no contaba. Se parecía mucho a Fresno.

–Elige uno, Eddy.

Escogí la marina, porque me gustaba el agua.

–¡Muy buena elección! –exclamó. Buscó el teléfono de un centro de reclutamiento de la marina, lo marcó y se comunicó de inmediato con algún reclutador. *Coach* empezó de nuevo, un verdadero vendedor–. Hola, soy el entrenador del parque Holmes... No, no *homes*, Holmes –dijo sonriendo–, Sí, sí, claro.

Salí del gimnasio, pero esta vez sin ganas de saltar por las líneas. Sentía mis piernas pesadas, como los sacos de cebolla que el hombre negro nos vendió a mí y a José. Caminé despacio rumbo al diamante de beisbol. La resolana me cegaba. Caminé hasta la mesa de picnic y me hubiera sentado de no ser por el sol, que ardía con fuerza en ese lugar. De hecho, la idea de alistarme en la marina me aterrorizaba. Todos mis amigos de la escuela habían elegido los marines o el ejército. Me preguntaba si había que saber nadar muy bien o si te enseñaban allá. Una vez, casi me ahogo mientras nadaba con otros *cholitos* en la piscina de un motel. ¿Qué posibilidad tendría en el océano, un millón de veces más grande?

–¡Oye! –gritó *Coach*, indicándome que regresara. Caminé de vuelta al gimnasio, arrastrándome como si avanzara con el agua a la cintura y, además, caliente, pensé.

Después de otra conversación *hombre a hombre* con Coach, caminé a casa bajo el inclemente sol, me lavé las axilas con jabón, y me puse una camiseta limpia con el símbolo del equipo de Fresno State estampado al frente: un gran perro Bulldog rugiendo con fiereza. Mi intención era parecer patriótico, o al menos un verdadero animador del deporte en los Estados Unidos. Quería dar la imagen de un tipo derecho, un tipo que sabe lo que quiere.

El centro de reclutamiento estaba ubicado en Fresno Mall, hacia el centro de la ciudad. Tuve que pasar encima de borrachos y vagabundos sin hogar. Cuando finalmente llegué eran las cuatro en punto. El aire frío de la oficina era agradable. Sobre la pared, había un cartel de un submarino nuclear botando en el agua. Otro tenía una imagen de un agresivo jet militar despegando de un portaaviones. Había tres banderas distintas, montones de folletos llamativos y una fotografía de nuestro presidente sonriendo. Al caminar por la habitación, reconociendo el lugar, los ojos del presidente me seguían, su sonrisa se tornó más profunda, más intensa. En cualquier momento asomarían un par de colmillos.

Había un bebedero de agua fría en la esquina. Nadie salió a mi encuentro, así que me acerqué de puntillas, saqué un vaso de papel y lo llené.

–No se te ocurra borbotear ahora –le dije al bebedero. No me hizo caso. Borboteó y eructó. De inmediato salió un oficial de un cubículo, limpiándose las manos en una servilleta de papel. Estaba comiendo.

–Hola –dijo, con voz ronca, como si sus antepasados hubieran sido ranas mugidoras. Tendría como cuarenta años, supuse, y su piel estaba curtida. Tal vez se le puso así por tantos años de estar expuesto al rocío salado.

Me dio su nombre y yo el mío. Señaló la mascota de mi camiseta, y dijo:

–Tarkanian le va a dar un giro a los Bulldogs.

Jerry Tarkanian era un nuevo entrenador de baloncesto, el mismo que durante años había mordido una toalla frente a las cámaras de televisión en Las Vegas. Ahora mordía la toalla para las cámaras de Fresno.

Bebí nerviosamente de mi vasito de papel. ¿Acaso debí haber traído el acta de nacimiento, el diploma de preparatoria, la credencial de la biblioteca?

–Estoy interesado tal vez en enrolarme –dije y traté de aparentar mucha tranquilidad.

Los ojos del reclutador se entrecerraron ligeramente, como si fuera un águila y yo una sedienta tuza, vista desde arriba. Me pidió que me sentara, acerqué una silla frente a su escritorio, donde tenía los modelos en miniatura de un clipper y un portaaviones. También había dos teléfonos, uno blanco y otro negro, extraña combinación.

—¿Te graduaste? —indagó con su voz de rana mugidora. Sobre su pecho había una hilera de cintas y un par de medallas pulidas.

—¿Se refiere a la escuela preparatoria?

Asintió y cogió una tablilla con sujetapapeles que tenía una pluma Bic colgando de un hilo grasiento. Abrió el clip y metió un formulario en blanco.

—Sí —contesté. Le dije que tenía muy buenas notas y que había corrido en el equipo de atletismo.

—Cuéntame más sobre ti —me instó, recargándose sobre el respaldo de su silla. Me recordaba al director de mi escuela primaria.

Por segunda vez ese día, volví a contar la historia de mi vida, desde la muerte de mi padre hasta el acuchillamiento de José, tomándome más tiempo esta vez, porque añadí que en primero de secundaria estuve a punto de ganar el campeonato estatal en la carrera de ocho kilómetros, de no ser porque llevaba zapatos corrientes. Esperaba que sonriera. Pensé que aplaudiría y diría, "¿Casi ganas el estatal?"

Se mojó los labios, y me preguntó si era ciudadano de este país y no de México. Le dije que sí y luego añadí:

—Mi mamá vive en Merced.

—¿Te gustan las mujeres? —preguntó, sin ponerme mucha atención.

—Igual que a todo el mundo. —Los pechos de Norma aparecieron por un instante en el fondo de mis retinas.

—¿Tienes novia, estás casado? —Se inclinó hacia delante—. ¿Tienes hijos?

Negué con la cabeza.

—Yo tengo cinco hijos —alardeó—. Los niños son maravillosos. —Y procedió a nombrarlos, todos con nombres que empezaban con la letra D: Diana, Darrell (al igual que él), Dale, Donna, y Danny.

Comentó orgulloso que eran unos buenos muchachos. Escuché con las manos en el regazo hasta que fue mi turno de hablar. Le dije que quería alistarme porque tenía ganas de viajar. Le aseguré que quería ver témpanos de hielo, ballenas, pingüinos y lo que fuera. Supuse que había escuchado este cuento antes, porque se limitó a decir: "Me gusta tu ambición".

Empecé a llenar el formulario de tres páginas. El reclutador, que a estas alturas empezaba a caerme cada vez peor, se metió en un cubículo lateral. Lo escuché mascando papas fritas; probablemente sabor ahumado. Paró de masticar cuando se abrió la puerta y entró un chico al que yo conocía de la escuela, un tal Larry, fanático del rock pesado y un verdadero pasado. Escurría sudor y su cara estaba más roja que un cangrejo recién salido del agua hirviente. Vestía una camiseta de los Rolling Stones con una gran lengua roja pintada al frente.

"Ay, no", pensé. Me deprimía pensar que él y yo hubiéramos llegado al mismo sitio en la vida: desesperados por salirnos de la manera más fácil, el servicio militar. "No, no somos iguales", pensé. "¡Yo valgo más que ese payaso!"

Larry miró alrededor y arrugó la nariz al percibir el olor a papas ahumadas. Caminó lentamente hacia mí, pero se desvió cuando vio el bebedero. Se tomó tres vasos de agua eructando asquerosamente. Ya refrescado, me saludó.

–¿Qué tal? –le dije casi sin mirarlo y seguí llenando el formulario. Me sentí avergonzado de estar sentado en la oficina de reclutamiento de la marina, preocupándome sobre cómo escribir *fallecido*.

–Hola, joven –saludó el reclutador al salir del cubículo oliendo a papas ahumadas.

Tartamudeando, Larry logró decirle al reclutador que quería unirse a la marina. Luego siguió hablando acerca de su tío que estuvo en la marina en Vietnam, y de lo maravilloso que había sido.

—Toma asiento —le indicó el reclutador, y a mí me preguntó—: ¿Cómo vas?

Le dije que bien y comenté que aunque llenara la forma aún estaba indeciso. Quería considerar la opción del ejército. El reclutador se subió los pantalones y asumió un aire severo. Me dijo que podría trabajar con computadoras, tal vez radares o misiles. Me preguntó si me molestaba la sangre. Encogí los hombros.

—Pues también hay enfermería.

Recordé a José en la acera y su sangre fluyendo como una pepsi de la botella.

Me dijo que podrían asignarme a un portaaviones, y en ese momento la botella de agua eructó por cuenta propia.

—O tal vez un submarino —agregó.

—No sé nadar bien —observé. Me puse de pie.

—La marina no tiene que ver con saber nadar —su voz retumbó en la habitación—. ¡Tiene que ver con hacerse hombre!

—Creí que esos eran los marines.

—¡Olvídate de los marines! La marina es mucho más inteligente. Nosotros tenemos la sincronización. ¿Alguna vez has visto un jet despegar de un portaaviones?

Negué con la cabeza.

—Es hermoso, porque en el fondo es pura sincronización. —Se mojó los labios—. ¿Te gustan las computadoras, verdad?

—Supongo que sí. —Comencé a deslizarme hacia la puerta.

—¿Alguna vez le salvaste la vida a alguien? —preguntó. El olor a papas ahumadas se mantenía suspendido en el aire.

—No creo. —Estaba casi en la puerta. El teléfono, creo que el blanco, sonó con la fuerza de una sirena. Le expliqué al reclutador que era una decisión importante, que no podía precipitarme y que tenía que consultarlo con mi mamá.

—¿Cuánto pesas? —Lo tenía prácticamente encima de mí.

—No lo sé —balbuceé—. ¿Sesenta y ocho kilos, quizá?

—¡Excelente! Podrías estar en rescate. ¿Te gustan los helicópteros?

—Sí, supongo... —comencé a tartamudear como un tonto, como Larry, que sostenía el portaaviones miniatura en la mano y lo examinaba. Tenía el coeficiente intelectual de un niño que juega con barquitos en la bañera.

El reclutador se paró en la entrada con las manos en jarras y me dijo que la marina era mejor que el ejército. Salí corriendo, más sudado por la entrevista bajo el aire acondicionado que por el calor de afuera. Me compré un *raspado*, espolvoreado con coco, de una *vendedora* mexicana en el centro comercial. De regreso a mi departamento pasé por encima de borrachos, vagabundos y perros callejeros en los huesos. El hambre, pensé, repta de un extremo al otro de la avenida.

Domingo. Me levanté temprano, molesto porque mi madre aún no me había mandado la orden de pago por veinte dólares. No era mucho. Intenté llamarla y regañarla por tacaña, pero mi teléfono había sido cortado.

Me vestí, engullí dos tazones de cereal y tomé el autobús rumbo a la casa del señor Stiles. El sábado por la tarde, cuando mi teléfono aún funcionaba, el señor Stiles y yo hablamos. Me había perdonado, luego de que *Coach* lo hubo llamado y ahora necesitaba mi ayuda de nuevo. Las malas yerbas crecían entre las flores, las persianas pedían a gritos que las lavaran, había que excavar agujeros para dos árboles frutales: un durazno y un chabacano. Me necesitaba, y yo me sentía agradecido.

A esa hora de la mañana el autobús iba casi vacío. Nos dirigimos hacia al norte, a una zona de casas nuevas, donde era Fresno pero todavía no era Fresno. Era como otro lugar, demasiado limpio y extraño para mí. Me sentí como caminando en las páginas de una revista de bienes raíces. Era un lugar bonito, pero atemorizante; todos eran rubios.

Le di las gracias a la conductora, una enorme mujer negra, y me bajé. Caminé el kilómetro y medio desde la parada, pasando frente a la casa donde el anciano me había contratado para mover el aire acondicionado. La casa estaba en silencio, el frente oscuro como anteojos para sol.

En otra calle, vi el borde de la acera donde alguna vez había pintado números. El sol de Fresno los había horneado, grabándolos ahí para siempre.

Pasó un carro lleno de gente camino a la iglesia. Me miraron de arriba abajo, probablemente pensando: "¡Este pandillero se va a meter en nuestra casa!"

Al llegar a la casa del señor Stiles, vi su camioneta Toyota roja estacionada en la esquina. Se veía reluciente, recién lavada, tan bien pulida que hasta una mosca se hubiera resbalado del toldo. La examiné cuidadosamente pero no encontré ningún raspón; estaba en perfecto estado. Me alegré de que los maleantes no la hubieran estropeado.

No tuve que tocar a la puerta del señor Stiles. Estaba en el garaje, con unos lentes de seguridad puestos, aserrando tablones del tamaño de un ataúd.

—¡Eddy! —exclamó.

Nos dimos la mano, y le dije cuánto sentía lo de la camioneta.

—Yo sería incapaz de robarle —gimoteé.

Estaba tan feliz de que alguien confiara en mí. Me sentía capaz de trabajar como esclavo para este hombre, hasta acabar con mis hombros y mi espalda. Las llagas crecerían en las palmas de mis manos, y mis uñas se llenarían de costras de tierra. Miré alrededor del garaje en busca de una pala.

—¿Qué quiere que haga, señor Stiles?

Me puso la mano en el hombro.

—Tranquilo, relájate.

Se metió en la casa por la puerta del garaje y me dejó esperando unos minutos. Vi mi bicicleta recargada en la esquina, con telarañas colgando de la rueda delantera. El señor Stiles regresó con dos refrescos helados en la mano.

—¿Cuál quieres? —Me mostró un Dr. Pepper y una Pepsi de dieta. Escogí el Dr. Pepper. Comenzó a hablar nerviosamente

—Eddy...

—¿Sí, señor Stiles?

Aparentemente quería decirme algo, pero en cambio me puso la mano en el hombro y me condujo hasta el patio trasero. Señaló vagamente con el dedo y me pidió que excavara un hoyo.

—¿Aquí? —pregunté, pisando el suelo con la punta del pie.

—Perfecto.

—¿Un naranjo?

—Eso creo.

Eché un vistazo al jardín trasero que tenía una porción de pasto pero estaba aún sin terminar. Sobre una carretilla, yacían bultos de cemento y ladrillos que se convertirían en un patio.

—¿Dónde está su esposa, señor Stiles? —pregunté.

Me dijo que estaba en la iglesia con sus dos hijos. Sonrió.

—Eddy... —titubeó.

—¿Qué ocurre? ¿Hice algo malo?

Sus ojos azules se veían húmedos. Su cuerpo despedía un fresco olor a Aqua Velva.

–No, no hiciste nada malo.

Se dio media vuelta y caminó hacia el garaje.

Me puse un par de guantes de algodón y tomé la pala, que estaba apoyada en un costado de la casa. No hay tiempo que perder, me dije. A trabajar. Me sentí redimido por la confianza de un hombre que alguna vez pensó que yo le había hecho daño.

El señor Stiles desapareció y yo paleé con frenesí, como si detestara la tierra dura y compacta, y pronto mi espalda estaba completamente empapada. Me detuve, resoplando y me limpié el sudor de la frente, que me empezaba a irritar los ojos. Me agaché, sacando raíces enterradas y pedazos de vidrio, azules al paso de los años. Trabajé como una abeja, feliz.

Terminé lo que quedaba del refresco y excavé durante quince minutos seguidos. El hoyo se ensanchó y profundizó, y me metí dentro para medir su profundidad. Casi a las rodillas. Sentí que finalmente estaba llegando a alguna parte, y de pronto sentí algo bajo el zapato, parecido a una pelota de beisbol. Salí del hoyo, y de rodillas examiné el objeto. Era una especie de bulbo, parecido a una cebolla. Le quité la cáscara y me lo llevé a la nariz. Olía a tierra y nada más.

Seguí excavando, contento por mi trabajo aunque hubiera deseado tener un *walkman* para escuchar algo de música. Canté y paré de cantar. Descansé un rato, apoyado sobre la pala. Mientras me pasaba la mano por la frente, evitando que el sudor cayera en mis ojos, un tipo saltó la cerca. Por un extraño momento pensé que se trataba de un marinero, y que el reclutador lo había mandado para llevarme de vuelta. De pronto salieron dos tipos más corriendo desde el garaje. ¡La marina completa estaba ahí! Se abalanzaron sobre mí y cuando vi que se llevaban las manos a la cintura, murmuré:

–Señor Stiles, usted no pudo... –Solté la pala y alcé los brazos.

–¡Policía! –dijeron todos a coro.

Me tumbaron boca abajo y me esposaron. Luego me levantaron de un tirón, me leyeron mis derechos, y me empujaron hacia el garaje. Caminé con la cabeza gacha y la garganta cerrada alrededor del nudo de enorme tristeza que se me había formado. Le eché un vistazo a mi bicicleta, parada ahí en la esquina y pensé en cuán cerca había estado de recuperarla. Y ahora la policía se llevaba a este paisano. Si alguna vez recuperaba mi bicicleta, estaría toda cubierta de telarañas.

Me llevaron del garaje hasta una patrulla. Todos los vecinos estaban afuera, cubriéndose los ojos del sol, y averiguando qué pasaba. Escuché a alguno preguntar:

—¿Trató de meterse en la casa del señor Stiles?

—¿Qué hice? —le pregunté a los policías que me custodiaban. Me dijeron que era buscado por el brutal apaleamiento de un anciano en una lavandería.

—Yo no he lastimado a nadie —grité—. Mi ropa sucia la lavo en casa; ¡ni siquiera voy a una lavandería!

No sirvió de nada. El policía, con una crayola negra por bigote, me empujó hacia la parte de atrás de la patrulla y cerró la puerta. Se metió haciendo que el carro se meciera bajo su peso. Se reportó por radio a la oficina central; que ya iba en camino, informó. Insistí que nunca había estado en una lavandería, salvo una vez en mi vida. Le dije que no robaba o lastimaba a nadie, a no ser que se lo buscaran. El policía me dijo que me callara.

La patrulla arrancó y, cuando me asomé por la ventana, vi al vecinito del triciclo pedaleando furiosamente a un lado, intentando alcanzarnos. ◆

# Capítulo 7

◆ Después de dos horas de interrogatorio continuo por detectives que olían a odio y a hamburguesas, me soltaron ese mismo domingo por la tarde, justo cuando el país entero esperaba los resultados de las grandes ligas de beisbol. Las puntuaciones de los equipos fue lo primero que oí cuando salí al mundo exterior, bajo el cálido sol de la tarde. Cerca de la entrada de la estación había un ciego sentado en una silla plegable escuchando un radio de transistores, vendía chicles, dulces y cigarrillos. Le compré dos Snickers al hombre que vestía un overol al estilo vaquero. Despedía un fuerte olor a tabaco, y de su cuello colgaban por lo menos tres crucifijos. Confiaba realmente en Jesús, lo necesitaba, supongo, porque cualquier *cholo* podría asaltarlo sin que se diera por enterado. Entonces vi que tenía un estupendo mango de hacha de madera a su lado, listo para dejarlo caer sobre los dedos de algún ladrón. "Seguridad total", pensé, "Cristo y un garrote".

Me senté con mis chocolates en un banco enfrente del departamento de policía, que tenía la gentileza de proporcionar un lugar para que los criminales se pudieran sentar y fumar. Una ardilla se bajó de uno de los árboles de sicomoro para mendigar. Pateé con fuerza el suelo y le dije a la ambiciosa bestia que se fuera al infierno. Mis problemas embonaban perfectamente como las piezas de un Lego: la camioneta del señor Stiles había sido utilizada en el asalto a una lavandería en

Kerman, un pueblo cerca de Fresno. Los ladrones, paisanos por todas las descripciones, apalearon a un pobre anciano. La policía pensó que yo estaba involucrado, e incluso el señor Stiles tenía sus sospechas. Dije a los detectives una y otra vez que la camioneta había sido robada frente a mi apartamento. Grité que no era ningún ladrón, y que nunca andaba lastimando a nadie a menos que el maldito comenzara.

Estoy seguro que hicieron una búsqueda por computadora. Tal vez encontraron la vieja historia de cuando grababa *placas* sobre el cemento fresco, no lo sé. El hecho es que me dejaron ir, sin siquiera tomar mis huellas o fotografiarme. Me explicaron que se trataba de una "entrevista" y que tenía derecho a un abogado y todo eso, pero que si hablábamos por un rato el asunto se resolvería. Así fue, y me dejaron ir sin problemas. Me oí confundido mientras explicaba mi vida por tercera vez en dos días. Hasta admití haberme embolsado diez dólares por lo de Queenie. Sentí un nudo en la garganta ante esta confesión, pero los policías voltearon la cara cuando les dije lo mal que me sentía por Queenie y por mi *nina*. No supe si se estaban burlando o conteniendo las ganas de golpearme por ser un miserable.

Sabía que *Coach* no tenía la culpa y tal vez ni siquiera el señor Stiles, quien seguramente me había entregado. Aun así, me compadecí de mí mismo. Tampoco mi madre me había enviado los veinte dólares que le pedí. Cuando la ardilla regresó a mendigar con sus garritas extendidas, volví a patear y la mandé a jugar a la calle.

El azúcar de los chocolates me animó. Noté que había más gente entrando que saliendo de la estación de policía. Estaba en el centro, cerca del hospital; de hecho podía ver su chimenea entre los árboles, decidí visitar a José si es que aún se encontraba allí. Me paré con un quejido, cansado hasta los huesos pero listo para seguir adelante. Tenía que alejarme cuanto antes de la policía y de esa maldita ardilla que no aceptaba un no.

Caminé las tres cuadras hasta el hospital y antes de visitar a José me metí al baño por un momento. Parecía un refugiado víctima de la tortura, mi cabello era una maraña polvorienta, tenía la cara manchada y, a juzgar por la tierra en mis uñas, se podría haber dicho que había salido de un agujero. Y tal vez así era. La policía me había dejado salir.

Tomé el ascensor al quinto piso, pero cuando entré en el cuarto de José, descubrí que ya se había ido. En su lugar estaba una señora de cabello gris con tubos en nariz y brazos. Salí de la habitación.

–Enfermera –le dije a la primera persona en uniforme blanco que se me cruzó, una mujer enorme que empujaba un carro de lavandería por el pasillo–. Mi amigo José... –empecé. Pero siguió rodando su carro, y me dijo:

–Pregunte en recepción.

Acepté la sugerencia no sin antes asustarme de pensar que José estaba muerto y que los estudiantes de segundo año de técnicas mortuorias podían estar trabajando en su cuerpo en ese mismo instante. Estaba sofocado cuando pregunté a la mujer en la recepción. Ésta metió unos números en la computadora. "Fue dado de alta a su familia", me dijo y se volvió hacia un teléfono titilante.

"Nos dieron de alta a ambos", pensé mientras volvía a mi apartamento. La tarde comenzaba a caer con su oscura cortina de aire húmedo. Las luces anaranjadas brillaban en los porches. Un grupo de niños disfrutaba los últimos minutos de un juego de beisbol en un patio delantero. Caminé rápidamente, y cuando oí disparos a lo lejos y a una pareja discutiendo arrastrando las voces por el alcohol, supe que estaba llegando al sudeste de Fresno.

Me sorprendió ver mi bicicleta apoyada en la pared junto a la puerta de mi apartamento. En la canasta encontré seis latas de refresco, pero a pesar de mi sed no las toqué. Retrocedí sospechando una trampa.

–Señor Stiles –llamé.

El móvil del vecino sonó.

–Señor Stiles –llamé con más fuerza.

Un camión pasó por la calle con un faro fundido.

Me paré en la entrada de nuestro dúplex. Titubeé igual que la ardilla, pero luego me aproximé lentamente a mi bicicleta. Bajo el resplandor de la luz exterior de mi vecino vi una nota sobre las latas de refresco. La abrí, había un billete de diez dólares adentro. La nota decía: "Eddy, siento mucho lo de la policía, pero tenía que asegurarme que no estabas involucrado en el asalto a ese pobre filipino. Que Dios te bendiga. Eres un buen trabajador". La nota no estaba firmada.

Me entraron ganas de llorar. Me senté un rato en los escalones. Tenía los ojos irritados y el alma pisoteada por la mala suerte de la mala suerte, tiempos difíciles.

Arrastré mi bicicleta dentro de la casa y abrí las ventanas de par en par. Metí las latas en el refrigerador. Me di una ducha y encendí el televisor. Cuando los refrescos estaban lo suficientemente fríos, los saqué y me tomé tres, uno tras otro. Esa noche me costó conciliar el sueño.

Me quedé encerrado en mi apartamento durante dos días, viendo televisión y escuchando la radio. Únicamente salí cuando me había acabado todo el cereal, los huevos y la sopa instantánea. Con los diez dólares del señor Stiles compré alimentos en una tienda coreana cara, me olvidé de la cautela y compré un bote de helado napolitano. Al llegar a casa me comí la mitad con una cuchara de servir directamente del bote. Pensé en cómo la policía me había detenido y luego dejado ir. ¿Se habrían aburrido de mí, acaso? ¿O estaban aburridos de todos los paisanos y ex paisanos? Conocía a un montón de tipos detenidos por la policía. Algunos se lo merecían, pero para otros había sido sólo una cuestión de *mala suerte*. En estos dos días oscilé del odio al señor Stiles a una especie de amor por él, porque era el tipo de hombre que buscaba una vida mejor para su familia. No podía decidirme.

Durante esos dos días solo, caminé por la habitación de arriba abajo, como si estuviera en un psiquiátrico y le declaré la guerra a una familia de cucarachas tan grandes como chiles jalapeños. Como esas últimas dos semanas no había pasado mucho tiempo en el apartamento, las muy aprovechadas se habían mudado pensando que el lugar estaba deshabitado. Parecía no importarles que no hubiera de comer. Salían de abajo del refrigerador para tomar aire. Paseaban como turistas por el lavadero, el lavabo del baño, la mesa del comedor, el teléfono muerto y hasta por mi brazo cuando estaba recostado en el sofá y veía televisión. Correteaban por los bordes de los vasos y los tazones de cereal, lo cual me obligaba a lavar todos los platos de nuevo. Me llenaban de asco y desprecio, aunque era divertido cuando se caían dentro del excusado. Trepaban por la puerta del refrigerador y, si se quedaban quietas, parecían esos simpáticos imanes que se usan para fijar recibos y cupones. No obstante, les declaré la guerra. Cuando me terminé el helado, dejé el cartón vacío en el piso y me escondí esperando a que olieran el dulce aroma. Comenzaron a llegar en parejas, como los animales del arca de Noé. Cuando pensé que había suficientes dentro, irrumpí en la cocina y cerré la trampa. Sacudí el cartón como si fuera una *maraca*. Estando afuera pisoteé el cartón y lo lancé al basurero. Un niño que jugaba en el callejón me preguntó qué estaba haciendo; le dije que limpiando. Tenía una vieja y roída pelota de beisbol en la mano.

—¿Quieres bolear? —le pregunté.

Jugué con el muchacho, un *gordito* cuya panza sobresalía bajo su pequeña camiseta. Me dio lástima porque de las cien pelotas que le lancé, algunas hasta por debajo, apenas atrapó seis o siete. Cuando volví a mi apartamento una hora más tarde, me sorprendí de ver que las cucarachas habían regresado. Llegaron con el mismo entusiasmo de antes, a pesar de que algunas tenían las antenas dobladas y las patas chuecas. Sin duda, eran las mismas. Dejé que las malvadas se instalaran.

El miércoles por la mañana, mientras pasaba por otra fase de rabia hacia el señor Stiles, llamaron a mi puerta. Ángel, pensé inmediatamente. Busqué el bate junto al sofá, lo agarré y murmuré: "Ángel, te voy a partir la cara". Cuando abrí la puerta me encontré con José, amarillo como un tulipán y apoyado sobre un bastón. Llevaba una camiseta y unos pantalones muy bien planchados. No se abalanzó sobre mi garganta ni aplicó sus tácticas de combate.

–Hola, Eddy –pronunció débilmente–. Parece que voy a sobrevivir. –Soltó una risita y me pidió amablemente que no lo tocara porque los puntos le dolían mucho.

Miré sobre su hombro. *Coach* se acercaba por la entrada de los coches, con la cabeza baja y murmurando para sí. Tenía el típico aspecto regañón del parque.

–¿Cómo te sientes? –le pregunté a José–. Pasa. Cuidado con las cucarachas.

–¿Qué?

–Son mis nuevas *homies*. –No me molesté en explicarle mientras entraba cojeando con su bastón–. ¿Qué hay de nuevo?

Nos íbamos de pesca, eso es lo que había de nuevo. *Coach* subió los escalones, gritando "¡Eddy, Eddy, Eddy!" Me dio *un abrazo* y dijo que sentía mucho que el señor Stiles me hubiera tendido una trampa. Se había enterado apenas el día anterior, y había sido un día muy difícil en el parque: un pleito entre pandillas de Hmongs y de Mexicanos; y un terrible robo qué dejaría a todos secos: unos *vatos* se habían robado la máquina de refrescos durante la noche.

*Coach* nos conocía a todos desde que éramos pandilleros de pantalones cortos, con cigarrillos de chocolate colgando de la boca. Nos peleábamos por un pedazo de chicle o una monedita sucia. Éramos niños del parque. Él conocía bien nuestros problemas, que hacía tiempo habían sido los suyos. Sabía que necesitábamos aire fresco y distanciarnos del pequeño teatro de los horrores que habíamos creado para nosotros. Pude ver esto en sus ojos mientras contemplaba mi glamoroso apartamento, cuya única belleza consistía en un par de chicas del número anual de trajes de baño de *Sports Illustrated.*

Nos metimos en el carro de *Coach*, un Ford Pinto azul, compramos hamburguesas y papas a la francesa, y salimos de la ciudad hacia Centerville en el Este. Ahí, dijo *Coach*, se encontraba un pequeño arroyo escondido, su secreto, repleto de peces, principalmente peces sol de agallas azules y truchas. Comimos alegremente y encendimos la radio, las bocinas rotas creaban nuevas versiones de canciones conocidas.

Pasamos kilómetro tras caluroso kilómetro de viñedos, huertas de naranjos y limoneros, y pastizales con caballos que permanecían perezosamente bajo el sol, ahuyentándose los insectos con sus rabos. Detrás de las cercas de alambre, las vacas mascaban pastura que colgaba de sus bocas como barbas.

–Me gusta el campo –dije desde el asiento trasero, sosteniendo la caña de pescar y varias jarras de agua. Me gustaban mucho las montañas y los lagos, y en la primavera, las flores que te hacen estornudar a cada momento. Pero temía a los animales de cuatro patas. Aunque estando con amigos no sentía miedo. De nosotros tres, yo era el más delgado, y por lo tanto sería el último en ser comido.

–¿No te fue bien con la marina? –me preguntó *Coach*. Alzó las cejas en el espejo retrovisor.

–¿Te ibas a enrolar en la marina? –preguntó José sorprendido. Se volteó a mirarme, con cuidado para no jalarse los puntos. Le dije que había visitado al reclutador y llenado un formulario, pero todavía iba a meditar mi decisión.

–Si tuviera que alistarme de nuevo, escogería la marina –afirmó José.

—¿Adivinen? –dije por encima del ruido del radio y del viento de la ventana.

—¿Qué? –preguntaron a coro.

—No hay que saber nadar.

—No inventes –dijo José con una sonrisa.

—Pero si es la pura verdad.

—¿Y qué pasa si te ahogas? –preguntó José–. ¿Has pensado en eso?

—Eso es problema de cada quien. Lo único que estoy diciendo es que no hay que saber nadar.

Meditaron al respecto los cinco kilómetros siguientes mientras el paisaje desfilaba ante nosotros, e insectos de todo tipo se estrellaban contra el parabrisas. Nos paramos a comprar una lata de gusanos en una pequeña tienda familiar. Me gustó el lugar. La luz polvorienta del sol caía por la ventana. El perro del dueño estaba acostado sobre una vieja manta. El piso era de duela y había fotos de personas mostrando su pesca. En una, un tipo sostenía un pescado casi tan alto como él. Era bajo, pero aun así, ¡un pescado tan alto como tú y una fotografía para probarlo es toda una hazaña!

*Coach* le preguntó al dueño si había habido incendios. Al pie de las colinas la hierba amarillenta estaba lista para estallar en llamas al menor chispazo o reflejo de un espejo. Los montes se incendiaban con frecuencia. El fuego se tragaba todo con un apetito voraz hasta que no quedaba nada, salvo un olor a quemado en el aire. Hasta los pobres conejos y las tuzas quedaban chamuscados.

—No –gruñó el señor–. Aún no he visto el primero. Espérese un mes y algún idiota de la ciudad comenzará uno. –Se mojó los labios–. ¿Ustedes vienen de la ciudad?

Los tres asentimos con la cabeza.

—No me refería a ustedes, en particular –dijo el señor, cambiando el tono.

Le dijimos que entendíamos perfectamente, y que ninguno de nosotros fumaba, bebía o decía groserías.

Llegamos hasta el arroyo secreto de *Coach*, que no era secreto para nadie porque la mayoría de los estudiantes de prepa lo conocían. En ese lugar bebían, hablaban de las chicas cuyos nombres les hubiera gustado tatuarse en los brazos, y orinaban en el río mientras miraban las estrellas. Era el lugar ideal para un joven de diecisiete años.

Había estado ahí una tarde de otoño cuando las hojas se habían vuelto doradas y el cielo era azul como un par de ojos. Tomé prestado el auto de mi madre y llevé a Silvia Hernández para allá. Había pasado el mediodía y aventamos piedras al río, sonriendo de oreja a oreja, porque era parecido a estar enamorado, algo así como la escena de una película. Las voces de los pescadores flotaban sobre el agua. Los patos graznaban. Los pájaros escarbaban sobre la arena, en busca de algo. No la besé ni tomé su mano, ni siquiera cuando nos sentamos en el auto y ella cogió las llaves poniéndolas en la abertura de su falda. Me coqueteó dulcemente. Nos dolió la cara de tanto sonreír.

–Sí, hemos estado aquí antes –dijo José mientras *Coach* maniobraba el carro sobre los hoyos del camino.

Secreto o no, nos estacionamos cerca del arroyo, y salimos del auto entre una nube de polvo. Manoteamos para apartar el polvo y tosimos al tiempo que descargábamos el auto. Armamos nuestras cañas de pescar y extendimos una manta militar en la orilla del agua, donde nos sentamos. Nos sacamos zapatos y calcetines y nuestros dedos culebreaban como los gusanos en la lata. Los mosquitos nos encontraron de inmediato. No me importó. En tanto algún lobo no saltara de entre los arbustos y me partiera la cabeza de un mordisco, podía soportar a las pequeñas plagas.

–Es un bonito lugar –dijo *Coach*.

El río de color verdusco fluía refrescante como la menta, dándo-

nos la sensación de estar en movimiento, yendo a alguna parte. Observé el agua y mi caña con su línea de pescar, delgada como un hilo telaraña. El arroyo pasaba sobre unas rocas puntiagudas. Las aves rozaban el agua sin cesar, y de tanto en tanto un sapo del color del barro, saltaba a lo largo de los cañaverales de la orilla.

–Realmente es un lugar hermoso –dijo José.

Le pregunté a José cuándo le quitarían los puntos, y me comentó que en un par de días. En ese momento, lenta y tal vez dolorosamente, se quitó la camisa y nos mostró su pálido, pero aún fuerte, cuerpo de *marine*. Los puntos sobre su hombro lucían negros como el delineador, pero los de su cintura eran pálidos y límpidos. Me explicó que los puntos pálidos se absorberían, pero los otros tendrían que quitárselos.

Titubeé, pero tenía que preguntarle:

–¿Se siente como hielo cuando te dan un navajazo?

*Coach* dejó que José contestara. También tenía curiosidad.

–No lo sé, hermano –dijo José–. Más o menos.

–Lo lamento –le dije a José. Sentía que era mi culpa por la camioneta del señor Stiles.

José se encogió de hombros y suspiró mirando el río, que pasaba sobre rocas y troncos como el tiempo mismo.

–¿No les viste las caras? –le pregunté.

–Sí, sí las vi.

*Coach* y yo intercambiamos miradas. Esperamos a que nos diera una explicación más detallada, esperamos a que terminara de lanzar algunas piedras planas en el agua.

–¿Y entonces? –preguntó *Coach*.

–¿Quieren saber, si conocía a los tipos? –preguntó a su vez José. Aplastó un mosquito sobre su hombro y sacudió de su palma el mosquito aplastado–. No, para nada –contestó finalmente.

Desvió su atención hacia el agua, y su mirada se tornó distante, tal vez pensando en aquel día que yacía sobre la acera, apuñaleado. Quizás estaba reviviendo el momento en que el cuchillo entró y salió. Luego de una pausa añadió:

–Eran los típicos paisanos infelices como los que usted y yo y Eddy conocemos.

*Coach* hizo rodar un palito entre sus palmas.

–Sé que es duro para ustedes –dijo.

–"Duro" no es la palabra, *Coach* –respondió José–. Regreso a casa por dos días y un paisano me acuchilla. Me arruinó.

Se mordió el labio. Creí que lloraría. Empecé a decir una sarta de tonterías. Les anuncié que regresaría a la universidad en el otoño siguiente. Tenía una sonrisa de oreja a oreja mientras les decía esto. Hice alarde de mis conocimientos sobre aire acondicionado. Ninguno me creyó; bajaron la mirada hacia la arena bajo sus pies. Aun así, seguí instruyéndolos acerca de termostatos, ductos, freón, sindicatos y los helicópteros utilizados para cargar unidades de aire acondicionado de alto rendimiento. Les informé que en los autos no se utilizaba tanto gas, apenas un poco más que si se tuvieran las ventanas abiertas. Sonreí, intentando verme emocionado por todas esas tonterías. Les conté de una unidad que cayó a través del techo de un sexto piso, justo encima del pie de alguien en el primer piso.

–Eddy –dijo *Coach* en voz baja, directamente pero con dulzura–: Cállate muchacho.

Nos quedamos en silencio mientras los zancudos volaban a nuestro alrededor, fascinados con nuestra sangre y nuestro calor. De pronto, *Coach* se paró de un salto, dio una palmada y me gritó: "¡Vamos! ¡quítate la ropa!" Se quitó su camiseta. Me sorprendió ver un tatuaje sobre su espalda que decía EL BUEN PASTOR. Quería preguntarle al respecto, al igual que José, quien lo estaba admirando con la boca abierta. Jesús nuestro Salvador siempre había sido importante en nuestras vidas. Ahora se veía enaltecido sobre la espalda de *Coach*. Pero ninguno de los dos dijo nada.

—¿Quiere decir meterse al agua? —pregunté, de pie y aún sin decidirme a hacerlo. Me quité la camiseta y luego los pantalones. Quedé en *chones*. *Coach* estaba desnudo, a pesar de que no muy lejos de ahí había un carro estacionado con la puerta abierta. Además, hacía apenas unos momentos habíamos visto unos chicos en bicicletas de montaña por el polvoriento sendero. A *Coach* parecía no importarle, pero a mí sí. Me dejé mis calzones puestos y lo seguí, pisando con cuidado sobre las rocas.

—¡Está fría! —exclamé.

—No está fría —replicó *Coach*—. Eres tú quien tiene calor.

Tenía sentido. El río corrió entre mis piernas a medida que entraba lentamente. Aguanté el frío helado como un *homie* y le pregunté a *Coach* si recordaba habernos enseñado a nadar.

—¿Sabes nadar bien? —Su voz vibraba por el frío.

—Un poco, de perrito. Ya sabe, puedo mantenerme a flote.

Eso fue exactamente lo que hice. Floté como un pato de juguete sobre el agua. Tal vez la marina no sea tan mala idea después de todo, pensé. Me sentía parte del agua. Hundí la cabeza. Me imaginé a mí mismo desde la orilla donde José observaba, flotando, con la cabeza sobre el agua y mi cuerpo abajo con los peces.

—No te ahogues, Eddy —me gritó *Coach*. Temblaba, abrazándose a sí mismo.

Pero me mantuve flotando casi plácidamente, mis pies tocaban el fondo, de manera que no tenía miedo. Floté río abajo, contemplando el sol dorado como un anillo y el cielo tan hermoso como el mismísimo paraíso. Volví a hundir la cabeza y sentí dolor en mis oídos.

Me dejé ir con la corriente. Cuando sentí que me había alejado, chapoteé hacia la orilla. Luego caminé de regreso sobre rocas, hojas y troncos de madera, corté camino de regreso, con los *chones* pesados con arena y agua. Me sacudí la arena y revisé mis partes privadas, reducidas a un pequeño pulgar y dos nueces, pero reluciendo con puntos de arena dorada. Oro o no, sentí vergüenza por mí mismo. Yo era muy pequeño.

Aquella tarde los peces se acercaron a nuestra carnada pero ninguno mordió el anzuelo. No podíamos culparlos. Acostados sobre una manta, hablamos de deportes, peleas en que nos habíamos metido, y rebuznamos como burros al recordar a mujeres lo suficientemente tontas como para acercarse a nosotros. Nos contamos las películas más aterradoras y violentas que habíamos visto, representando algunos de los episodios. Y cada uno tenía sus rockeros favoritos. *Coach* repitió una y otra vez que el mejor grupo de rock desde el inicio del movimiento chicano, en los años sesenta, era Malo. José y yo sacudimos nuestras cabezas. "No los conocemos, *Coach*". Se sintió herido. Se veía comico, como un niño castigado. No podía entender cómo no habíamos oído hablar de ellos.

José le preguntó a *Coach* acerca del tatuaje en su espalda. *Coach* estaba sentado en la orilla dejando escurrir arena entre sus manos, como un reloj de arena. Nos contó que se había entintado antes de ir a Vietnam, y que deseó no haberlo hecho pero ahí estaba, en su espalda, para siempre. Incluso muerto, dijo. Nos recomendó evitar los tatuajes, a lo cual José sonrió. Rodando cuidadosamente sobre su estómago, se bajó los pantalones mostrándonos dos arañas sobre su pálido trasero.

—Qué feo —comenté.

—Tienes envidia *homes* —dijo riéndose, mientras sus *nalgas* tomaban el aire fresco del verano.

Creo que sí sentía envidia. Y creo que me sentí agradecido cuando *Coach* dijo que éramos lo mejor que había salido del parque Holmes. José y yo escondimos nuestras risas con las manos.

Nos quedamos hasta el atardecer, y luego finalmente atrapamos algo.

–Tranquilo, pequeño –exclamó José alegremente, parándose y jalando su caña. Alzó un pescado de buen tamaño, suficiente para alimentar a una familia de tres o cuatro gatos. O se podía freír y servirlo fileteado con un tazón de arroz blanco, al estilo japonés. Que era lo que José pensaba hacer para su *abuelo*, quien prefería el pescado más que frijoles y tortillas. Para ser mexicano, su abuelo era un tipo raro.

Manejamos de regreso a la ciudad, el parabrisas reunió más insectos. Íbamos con el radio apagado, cada uno entregado a sus propios y perezosos pensamientos. En cuanto a mí, pensaba en Ángel. Quería decirle a *Coach* lo que había oído, que Ángel había matado a Jesús. Quería preguntarle si Ángel estaba tan loco. Lo había visto peleando y sabía que era capaz de lastimar a alguien, pero asesinar a un amigo era algo qué estaba más allá del bien y del mal. ¿Qué albergaría en su corazón para hacer algo semejante? Si es que tenía un corazón.

Paramos en una lechería en el camino y compramos botellas de leche con chocolate. Cada uno tomó su propia botella, tan fría como el río. Las bebimos recargados en una cerca y nuestros estómagos se llenaron con ese hermoso líquido de la niñez. En el atardecer, en ese silencio que precede a la noche, las vacas comían su pasto y las moscas se comían sus vacas. ◆

# Capítulo 8

◆ Esa noche en la cama, con el aire húmedo del verano, pesado como un gordo picapleitos; escuché pasos en mi terraza y las palabras "Ey, Eddy". ¿La brisa, tal vez? ¿Alguna grieta? ¿El sonido de la tubería? ¿Locura paranoica? Salté de la cama y cogí mi bate. Debo admitir que tenía miedo, pero estaba listo para dejarlo caer sobre Ángel. Entré en la sala de puntillas, intentando ubicar de dónde provenía el sonido. Cerré los ojos para oír mejor. Escuché tirar de la cadena del baño de mi vecino, el tintineo del móvil en el patio contiguo, y mi corazón y su viejo y conocido bombeo.

Regresé a la cama aún marcada con el peso de mi cuerpo. ¿Acaso me estaba volviendo *loco*? Quizás era un gato o una de las cucarachas saliendo a dar un paseo. Quizás era un perro callejero orinando sobre las plantas muertas afuera de mi apartamento. *¿Quién sabe?* El buen Dios se había quedado dormido en horas de trabajo. Había dejado que Ángel, el *cholo* hecho a su imagen y semejanza, correteara libremente por las calles de Fresno.

No pude dormir sino hasta la madrugada y me desperté alrededor de las diez, sintiéndome cansado. Me lavé la cara, hice café y comí cereal con la televisión encendida. Había un concurso y todos parecían muy emocionados de estar despiertos.

–No pueden estar tan contentos –le gruñí a la pantalla.

Los concursantes brincaban porque habían ganado una lancha y un congelador repleto de carne de primera calidad para un año.

Seguí mirando el concurso, odiando a los ganadores, hasta que noté que había una carta en el buzón. La busqué rápidamente. ¡Era de mi mamá! Cuando la abrí no encontré veinte dólares sino tres billetes de cinco, todos arrugados. Seguro diría que el error se debió a su mala memoria o a la línea telefónica de casa de mi tía. Tal vez argumentaría que en efecto había mandado veinte como le había pedido y no quince. Con su aparato para sordera apagado, me gritaría y me llamaría mentiroso. ¿Qué se podía hacer con la familia? Tal vez era mejor que mi padre hubiera muerto y yo fuera hijo único. Había llegado a la edad adulta a base de saltos mortales. ¡Guau!, mírenme. Vivía solo desde hacía seis meses y compartía la casa con cucarachas. Y con el teléfono cortado, ¿quién iba a llamar?

Mamá había escrito una nota: se encontraba en Sacramento para ayudar a una amiga a quien acababan de operar un dedo del pie. Me dijo que si quería llamar a Norma, la chica que ella y mi tía habían mencionado, allí estaba su teléfono.

Guardé el dinero pero tiré la nota. Me vestí y decidir salir a comprar más leche, cereal con chocolate, tortillas de harina, frijoles, y lo que alcanzara con quince dólares. Eché un vistazo a la calle antes de salir por la cochera. Un par de chicos pandilleros jugaba en los aspersores con un cachorro de patas débiles. Del otro lado de la calle, unos *viejos* conversaban sentados en un sofá. Una máquina podadora aullaba a todo volumen. El jardinero, probablemente mexicano, no estaba a la vista. No me gustaban los ruidos que podían opacar el sonido de disparos, especialmente cuando los disparos estaban dirigidos a mí. Regresé a los escalones de mi apartamento y esperé sentado, balanceando las piernas frenéticamente, a que apagaran la podadora. Luego me levanté de un salto y salí de nuevo.

—¡Eddy!

Brinqué.

Era Belinda, la esposa de Junior. Empujaba una carriola.

—Vi tu nombre en los periódicos. —Su boca estaba pintada de rojo oscuro y sus cabellos tiesos con lo que sea que endurece a las chicas—. ¿Por qué no pusieron tu foto?

Una pregunta tonta. Ahora resultaba claro por qué las lágrimas tatuadas caían eternamente de ese rostro tan hermoso.

—Porque no iba bien vestido.

—Pues a mí me parece que te ves bastante bien.

¿Embarazada y coqueteando conmigo? Junior estaba encerrado en Vacaville, pero si llegaba a averiguar que yo estaba con su esposa, aunque fuera nada más hablando mientras ella mecía su carriola, tranquilizando al pequeño pandillero envuelto en una sábana azul, se las arreglaría para que sus *carnales* me dieran una buena golpiza.

—Cuando pasó lo de Junior, pusieron su foto en el periódico.

—Pues, ya sabes —dije—. Junior llevaba un arma y yo iba limpio. —Tragué y luego añadí—. José está mucho mejor. Ayer fuimos a pescar y atrapó algo.

Estaba diciendo tonterías, lo reconozco, pero continué porque la boca de Belinda era roja como la fruta. Aun así me contuve, aunque sabía que ella quería algo más que mecer a su bebé de un lado para otro. Habría ocasionado muchos problemas. Le dije que había salido a comprar algo a la tienda cuando, sobre su hombro, avisté a Ángel al final de la calle. Estaba solo y llevaba pantalones cortados hasta las rodillas.

—Chica, me tengo que ir —le dije a Belinda, salté hacia atrás pero sin perder de vista a Ángel. Esperaba que en cualquier momento se llevara la mano a la cintura, buscando el arma de mi tía. El imbécil de Ángel era capaz de disparar desde ahí, y con Belinda de espaldas a él, podría pegarle un tiro. Luego Junior me culparía y no habría forma de salir de ese enredo de ligas mayores.

–Eddy, tengo algo que decirte –me gritó ella.

No había tiempo para *chismes*. Me volví y corté camino hacia el otro lado de la calle brincando encima de un aspersor. Entré en un callejón y corrí a lo largo, sólo miré hacia atrás cuando llegué al final. Ángel no estaba en el otro extremo. En vez, había una nube de vapor subiendo del asfalto caliente. Me detuve para recuperar el aliento junto a una enorme caja que en algún momento había contenido un aire acondicionado marca Westinghouse; una unidad de 1200 Btu. Era como para reírse, había estudiado aire acondicionado durante dos semestres y heme aquí aplicando mis conocimientos para identificar la caja detrás de la cual me estaba escondiendo.

Me quedé un rato ahí sentado, exhausto, mientras las gotas de sudor se arrastraban como hormigas por mi rostro. Había huido antes, de la policía un par de veces y en la secundaria de toda clase de *cholitos*. Había corrido para huir de maestros, vecinos enojados y hasta de mi mamá cuando su temperamento estallaba y el chasquido del trapo de secar hacía arder mi trasero. Era un típico Speedy González, pero ya estaba cansado. Quería quedarme tranquilo en un lugar, sin tener que huir.

–¿Qué estás haciendo? –preguntó una voz de niño.

Me paré de inmediato, asustado.

Un niño que había dejado los pañales hacía dos años, tal vez más, se asomaba por la cerca de su patio. Su cara de bebé semioculta por un árbol gigantesco. Masticaba un chabacano.

–¡No me asustes así! –lo regañé.

En Fresno, la gente siempre aparecía de la nada; amigos, enemigos, tíos, abuelos, y chiquillos como éste, comiendo fruta y contemplando el arruinado mundo desde las cercas de sus patios traseros. El niño parpadeó con sus largas pestañas, analizándome. Tenía buen ojo, por lo visto, porque me preguntó si yo era uno de esos vagabundos sin hogar como los que pasaban en la tele.

–¿De qué rayos estás hablando?

Me contó de un programa que había visto, sobre gente que no tenía donde dormir. Me ofreció un chabacano, que dejó caer, y repitió la pregunta.

–¿Tienes casa?

Tomé la fruta y le contesté:

–*Órale,* manito. Tengo una casa con nueve recámaras en los suburbios. Hasta tengo alberca y todo.

–¿Por qué estás sentado en la tierra?

No tenía respuesta para eso, apenas una risilla. No tenía tiempo para lidiar con este futuro trabajador social. Comencé a andar sin rumbo, mordisqueando el chabacano. Seguí caminando, pasando un callejón maloliente tras otro, una desolada cuadra tras otra, hasta que llegué a Tulare Street, a la vista del parque Holmes. Me detuve y contemplé la misma escena de siempre: un par de niños en el estacionamiento, lanzándose fósforos encendidos, riéndose cuando los fósforos les daban. Qué jueguito, pensé, para estos inhaladores de solvente talla chica. Cuando tenía su edad jugaba el mismo juego, y véanme ahora, todo quemado.

Pude haber ido a visitar a *Coach*, pero decidí hacer lo contrario y opté por visitar a Ángel. Tenía que atraparlo antes de que él me atrapara, una especie de regla de oro entre paisanos. Mis puños estaban listos y había estado en tantas peleas que una más no importaría mucho. Tenía que ser el primero en actuar, tumbarlo antes de que me diera con un cuchillo o una pistola.

Compré un refresco y dos chocolates en una tienda de licores con espejos en todas las esquinas para prevenir robos. Pensé en leer historietas pero había un anuncio que decía: PROHIBIDO HOJEAR LAS RE- VISTAS. Salí a la calle de nuevo. Comí y bebí mi menú infantil mientras caminaba rumbo a casa de Ángel, mirando a la derecha, izquierda, adelante, atrás, siempre alerta. En cualquier momento Ángel podría salir detrás de un carro estacionado y herirme, dejándome lisiado de la cintura para abajo y haciendo arrepentirme de estar vivo.

Con mi camiseta atada alrededor de la cintura, caminé varias cuadras sobre Tulare Street hacia Cedar Avenue; pasé por lotes de autos usados, tiendas de radiadores, de llantas, y restaurantes con las puertas de vidrio manchadas de huellas. Había una lavandería, vacía al parecer, y una ferretería de donde recordaba haberme robado un rollo de cinta aislante cuando tenía once años. Un par de borrachos trataron de abordarme, y luego una *ruca* muy flaca en metadona. Les mostré mis palmas vacías, diciéndoles: "No tengo un centavo".

Al pasar frente a una cafetería me miré en el reflejo de la ventana. Me peiné con los dedos y tensé el abdomen. Pensé que si iba a morir, no tenía por qué hacerlo con el estómago vacío. El refresco y los chocolates no habían ayudado mucho. Me puse la camiseta y abrí la puerta sucia, dejando entrar moscas y el calor de la tarde.

–En un momento lo atiendo –se oyó la voz de una muchacha desde la cocina. Sus ojos se asomaron detrás de la máquina de refrescos–. ¡Hola, Eddy!

Era una chica que conocía de la escuela preparatoria. Al igual que Norma, en la cafetería de la universidad, había hecho una exitosa carrera vendiendo almuerzos. Intenté sonar contento.

–¡Qué hay, chica!

–¿No te acuerdas de mi nombre, verdad? –dijo, saliendo del fondo y secándose las manos en su delantal chorreado de salsa catsup. También tenía un trozo de tomate pegado al delantal. No sabía si decírselo o no, como cuando ves a alguien con pedazos de comida entre los dientes. Lo dejé pasar.

Anticipó mi respuesta, sonriendo como un buzón abierto. Me aventuré.

—¡Lupita! —adiviné.

—¡Esa misma! —Aplaudió como concursante en televisión—. Estuvimos juntos en fotografía.

Asentí, tratando de mantener los ojos abiertos de la emoción. Y así se quedaron porque resbaló el pedazo de tomate.

—Sí, Lupita —respondí. Lupita. Con un nombre así, ser cajera o mesera en un restaurante era el trabajo indicado.

—Leí sobre ti en el periódico —comentó. Seguía sonriéndome mientras sacaba hielos de una cubeta—. ¿Te lastimaron?

—No, sólo a José. Ahora soy un hombre famoso —concluí. Si ella hubiera tenido el recorte de prensa, se lo habría autografiado.

Me sirvió un vaso de refresco.

—Toma, yo invito. ¿Qué más quieres?

Era una pregunta abierta, insinuante. Me lamí los labios y, observando su garganta, pedí una hamburguesa con queso y papas a la francesa. El cocinero en el fondo ya había empezado a trabajar, anticipando mi orden, porque podía ver que era un devorador de carne. Me senté en una mesa tambaleante cerca de la ventana que daba a Tulare Street, donde pasaban autos desgastados por la desgastada avenida. Éste era mi *barrio*, el lugar de toda mi vida. En esta calle me había peleado y había cortado el césped de una *vieja*, muerta ya hace muchos años. Conocía inclusive al que había pintado en la pared de la tienda de radiadores la insignia de su pandilla "CON SAFOS". Se trataba de Héctor Medina, quien ahora compartía celda con Junior en la prisión de Vacaville, según lo que sabía.

Me enderecé cuando vi a Samuel con sus dos *homies* caminando del otro lado de la calle. Andaban merodeando, buscando a quién atacar o algo que robar, o ambas cosas. Pasaron de largo, Samuel a la cabeza, y se perdieron a lo lejos. Retuve su imagen de mi mente. En mi imaginación le daba una buena paliza, algo que él necesitaba más de lo que yo necesitaba la miserable hamburguesa que venía en camino.

–Delincuentes –dije entre dientes. Sonreí cuando Lupita trajo una canasta de plástico con alimentos.

Comí bajo un ventilador que esparcía olores grasientos por todo el restaurante. Me estaba limpiando la boca cuando un escalofrío recorrió mi espalda.

"Belinda", me dije. Olí su *movida* al recordar cuando hablábamos afuera de mi apartamento. Ángel, ese perro temerario, le había pedido que me retuviera mientras él acechaba. Era una posibilidad. No, era más que probable. Y era aún más probable que alguien le susurrara algo a Junior en la prisión, y entonces empezaría la guerra de verdad. Arrugué la servilleta y alcé la mirada cuando algunos trabajadores entraron al restaurante.

–Nos vemos, Lupita –dije en voz alta, poniéndome de pie.

Lupita me dijo adiós con la mano, sus uñas también eran rojas como la sangre. Titubeó un instante antes de gritar,

–¡Ven a verme, ya sabes donde vivo!

Salí de la cafetería dejando entrar a un par de moscas. También ellas tenían que ganarse la vida.

La casa de Ángel era de un color blanco polvoriento, llena de flores, sobre todo rosas. Podía olerlas desde la esquina. Había un ciruelo, con las ramas cargadas de frutos, y un Chevy Impala sin motor, cubierto de polvo de permanecer tanto tiempo estacionado. Sabía que alguien estaba en casa por el ruido del aire acondicionado. Observé la casa. Probablemente sus padres estaban trabajando y no había perro ladrando en el porche. Supuse que estaba solo. Eso esperaba porque, de lo contrario, estaría en aprietos.

Examiné la casa y el barrio. En uno de los patios, dos niños se mojaban con una manguera. Parecía divertido. Pero no fue divertido cuando un carro pasó enfrente y el conductor, un paisano *pelón*, se me quedó viendo. Le sostuve la mirada hasta que volteó la cabeza como si se cuidara del tráfico. Me dejó en paz, pensando tal vez que yo estaba loco, y si no lo estaba, que era lo bastante malo como para apartarlo de su paseo y estrellarle su calva cabeza por mirarme.

Me metí al callejón que bordeaba la casa, no muy distinto de los demás callejones de cada barrio pobre de Fresno. Apestaba. Agazapado, esperé quince, veinte minutos, tal vez más, a la sombra de una cerca y luego brinqué la cerca al patio de Ángel. Que, al igual que cualquier patio mexicano, tenía un pequeño jardín con tomates, chiles, berenjenas y altas espigas de maíz. Había una pila de ladrillos y tablas, dos podadoras, ambas descompuestas, y un viejo perro que posó su mirada aburrida sobre mí, alguien lo suficientemente loco como para querer entrar en su patio. Paró el rabo. Comenzó a caminar hacia mí pesadamente, ladrando cada vez más fuerte. Troné los dedos para calmarlo, susurrando: "Vamos, chico, tranquilo". Quizá porque luzco como Ángel, café como la tierra, o como algún amigo suyo, el perro dejó de ladrar. O tal vez fue sólo el calor de la tarde y una sensación de para qué molestarse con uno de estos *vatos*. De cualquier manera, el perro no quería meterse en líos.

Me escondí antes de que se abriera la puerta trasera y Ángel gritara al perro: "¡Cállate, Humo, o te voy a patear!" El perro gimoteó y se dirigió a la puerta buscando una caricia, pero ésta se cerró de golpe. Así era Ángel, un tipo amable.

Me mantuve escondido en el jardín familiar y aplasté un tomate con las manos. Las semillas rodaron como si fueran dientes y el jugo escurrió como la sangre. Las moscas y los zancudos comenzaron a zumbarme en los oídos.

–Largo de aquí –les murmuré a los insectos.

Esperé otros diez minutos e incluso acaricié al perro, diciéndole en voz baja, "Humo, eres un buen muchacho". Pero al fin hice mi *movida*. Me acerqué con sigilo a la puerta de la cocina. Mi pecho subía y bajaba y el sudor comenzaba a caer. Tenía que agarrar a Ángel. Me agazapé a un lado de la casa, fuera de la vista desde la cocina. Le lancé una toalla al perro y luego una manopla de beisbol, tiesa por el abandono al sol y la lluvia. El perro comenzó a ladrar de nuevo.

"Sal, Ángel, sal" rogué en silencio. Tenía ambos puños apretados. Los abrí y los cerré. Me estaba cargando de furia.

Desenterré una planta de su maceta y se la lancé, sin malicia pero con precisión, a Humo. La planta cayó justo en su espalda y ahí se quedó. Humo empezó a saltar en círculos, desconcertado por lo que tenía en la espalda. Casi suelto una carcajada, de no haber sido porque escuché pasos que se acercaban hacia la puerta. Estaba listo. Cuando la puerta se abrió, me abalancé sobre Ángel y lo agarré por las piernas. Cayó hacia atrás, golpeándose la cabeza contra la manija. Lo golpeé con los dos puños, mientras él pataleaba y arañaba como una niña para soltarse. Lo dejé que se parara y le asesté un buen puñetazo a la mandíbula. Cayó sentado y me abalancé sobre él de nuevo, ambos rodando por el piso de la entrada.

–Mataste a Jesús, hijo de... –le grité a su rostro ensangrentado.

–¿Qué tonterías dices *homes*? –Intentó agarrarme la garganta con la mano.

Le di un codazo en la oreja que lo hizo gritar de dolor.

–¡Mataste a mi *primo*! Dijiste que un tipo de zapatos amarillos lo había hecho. ¡Mentiroso! –me sentí agotado, tembloroso. El fuego

me consumía el aire en los pulmones. Lágrimas de rabia saltaron de mis ojos.

—Yo no fui –gritó. Su mano, como garra, me apretaba. Hubiera aguantado el dolor, si no hubiera sido porque sentí un golpe en la espalda. Dos golpes más y me giré para enfrentarme a Samuel. Tal vez había surgido del mismísimo infierno. Levantó un palo para golpearme y bloqueé el ataque con mi antebrazo, agarrando el palo, que ahora estaba en mi poder.

Pero Ángel se había incorporado, sangrando por la nariz, y antes de que pudiera apalear a Samuel, que empezaba a retroceder con su carita de *cholo* asustado, Ángel me golpeó en las costillas. El palo se me resbaló de las manos. Caí sobre mi estómago y luego sobre mi espalda, rodé como un tapete para mantenerlos a distancia. Me había sacado el aire y hubiera sido hombre muerto en el *patio*, si no fuera por su excesiva cautela. Me rodearon, Samuel sosteniendo el palo y Ángel con la maceta en la mano. Cada uno esperaba que el otro atacara primero, pero los dos me rodearon, burlándose de mí.

—¡Yo no maté a Jesús! –gritó Ángel.

—¡Mientes!

—Nunca lastimaría a un amigo. –Dicho esto, Ángel me lanzó la maceta, rozándome el hombro.

—¡Eres débil! –le grité a Ángel.

Humo nos ladraba a todos. Un perro en el patio vecino se le unió.

—¡Era mi *carnal*! –gritó Ángel apoyado contra el muro de la casa. Tenía la cara contraída por el dolor y su oreja comenzaba a inflamarse. Volví a golpear a Ángel y Samuel me atacó con el palo. Falló y lo alcancé con una patada lateral que dejó sus pequeños pulmones sin aire. Cerró los ojos del dolor; dejó caer el palo mientras se doblaba con la cabeza gacha. Le sujeté la cabeza en un candado, apreté y corrí con él hasta estrellarlo contra la pared de la casa, donde cayó y se quedó tirado. Ahí mismo, el *cholito* estaba aprendiendo sus primeras lecciones de la vida en la calle.

Maldije a Samuel, pero cuando me volví, Ángel había desaparecido. "Debe estar en la casa", pensé. En ese momento me vino a la mente la imagen del revólver de mi tía, envuelto en un paño de cocina. Imaginé a Ángel tambaleándose por la cocina, con la pistola en las manos.

Cojeé hasta la cerca y salté hacia el otro lado. Logré llegar hasta el final del callejón y cuando miré atrás, Ángel estaba ahí parado, pequeño y solitario. Le di la espalda y cojeé de vuelta a casa, arrastrando mi desdichada sombra conmigo.

José y yo estábamos sentados en su habitación, con el televisor y el radio encendidos al mismo tiempo. Me limpié la sangre de la nariz con un viejo calcetín que José sacó de un cajón. Ya no lo necesitaba y yo era un tipo en apuros. Examiné la sangre: era un líquido hermoso, denso y cálido. Tenía la boca hinchada, el hombro cortado por la maceta y un dolor de espalda donde Samuel me había golpeado con el palo. Me toqué las costillas. Tenía un moretón ahí y otro en la pierna izquierda. No recordaba haberme lastimado la pierna, pero el dolor y la marca morada del tamaño de una moneda estaban allí.

Apuré el resto de mi refresco, agitando los cubos de hielo en el vaso, pintado con el emblema del equipo de Los Ángeles. Tomé un hielo y lo pasé por mi labio hinchado. Sin entrar en detalle, le conté a José que Ángel y yo intercambiamos nueve rounds de *chingasos*. Alcancé a balbucear que Ángel estaba lastimado, y Samuel en ese momento se estaba despertando con un fuerte dolor de cabeza.

—¿Utilizaste la técnica de estrangulamiento qué te enseñé? —preguntó José. El *marine* dentro de él seguía vivo.

Negué con la cabeza.

—Te traeré otro refresco –dijo José parándose de la cama, su actitud de *marine* macho había desaparecido. Estaba contento de estar con él y se lo dije antes de que saliera de la habitación.

—Somos amigos desde hace mucho tiempo, Eddy –me respondió.

Así era, efectivamente.

Salió de la habitación, y pude escuchar a su madre diciéndole en español que yo traía *mala suerte*. Tal vez. Se alejaron de la habitación y siguieron conversando. Me quedé mirando la televisión de José, su regalo de graduación. El volumen estaba bajo, pero me daba cuenta de que aún existía la felicidad en el mundo. Los concursantes saltaban y gritaban de alegría, más ganadores de lanchas y raciones anuales de carne de primera.

José regresó con una leche malteada y un montón de hielos envueltos en un trapo de cocina. Enfrié mi hombro, labio, pierna, y costilla. La costilla fue la más sensible, ya que había recibido una patada directa de Ángel. Me acosté boca abajo en el piso para que José me aplicara los hielos en la espalda, gimiendo y rogando que no me doliera tanto.

—Estás todo aporreado, amigo –dijo José.

No había manera de rebatir el punto.

La madre de José lo llamó con su cantadito mexicano. Lo llamó tres veces más antes de que se levantara despacio, con cuidado por los puntos.

—Mi mamá aún está molesta contigo.

No estaba haciendo nada para mantener contentas a las personas a mi alrededor y eso me incluía a mí mismo.

—Sí, lo sé.

Salió de la habitación, cerrando la puerta suavemente tras él, y los escuché susurrando hasta que José alzó la voz enojado. Le dijo a su mamá que yo era su amigo y que no permitiría que ella me humillara de ninguna manera. Supuse que ella quería botarme de la casa.

Regresó a la habitación, una nubecilla de mal humor le cruzaba el rostro. No quiso decir nada ni yo le pregunté.

Le dije que sentía haber arruinado su calcetín y me respondió:

–No te apures. Tengo un cajón lleno.

José se embarcó en un viaje en el interior de sí mismo y, una tras otra, nubes de tormenta ensombrecían su rostro. Me dijo que vivíamos en un agujero infernal que no tenía salida.

–Aunque trates de hacer algo, la gente te echa todo a perder.

Continuó protestando durante quince minutos seguidos. No lo interrumpí.

Refresqué mi cuerpo con los hielos. A las cuatro de la tarde, me preguntó si lo quería acompañar al hospital; ese día le quitaban los puntos del hombro.

–Está bien –murmuré. Me levanté lentamente y me percaté de lo aporreado que estaba. Me miré la cara en su baño; una cortada encima de la ceja y un labio inferior inflamado. Mi ojo izquierdo estaba salpicado con sangre.

Me lavé la cara. En la sala, le solté a la madre de José un discurso sobre cuánto sentía que José hubiera sufrido por mi culpa.

Creo que se espantó al ver mis heridas.

–¿*Dónde está tu madre*? –me preguntó en español. Trató de enderezar el cuello de mi estropeada camiseta.

Encogí los hombros.

José me pasó una camiseta con el bulldog de Fresno State al frente. Salimos en el carro de su madre, un viejo Impala con dos salpicaderas diferentes. El calor de la tarde evaporó su mal humor. Ajustó el retrovisor pero el espejo se vino abajo. El calor derretía todas las cosas.

–Maldita cosa –refunfuñó.

Quizá no había manera de mirar atrás. Quizá teníamos que mirar hacia el futuro. Ni siquiera traté de arreglar el espejo retrovisor.

Condujimos con la radio apagada porque no había motivo para cantar, a nuestro parecer. Ambos estábamos igual de amolados. Me senté con las manos en el regazo, la mirada fija al frente. Enfilamos por Tulare Street, pasando la cafetería.

—Lupita trabaja ahí —dije débilmente.

—¿Quién es Lupita?

—No sé. Sólo una chica.

Tulare Street, con sus baches del tamaño de cráteres me hizo sangrar por la nariz de nuevo, no mucho, pero lo suficiente como para sentir su sabor salado descendiendo por mi garganta.

—¿Estás bien? —preguntó José. Puso su mano sobre mi hombro.

—Mejor que nunca —respondí sonriendo. Me limpié la nariz y noté que la camiseta de José se había manchado—. José, arruiné tu camiseta.

—No te preocupes.

Subimos por el ascensor del hospital hasta el segundo piso, donde cosían y quitaban puntos, además de poner inyecciones en época de resfríos. El lugar estaba lleno de bebés que tropezaban y se golpeaban la cabeza y de abuelos que hacían lo mismo. También había pandilleros. Avisté a un *cholo* con una red en el pelo. Me miró de vuelta, pero ambos estábamos demasiado débiles para entablar una guerra de miradas.

José y yo nos apuntamos en la recepción, y nos sentamos en sillas de plástico anaranjadas. Tomé una revista *People* y comencé a hojearla apresuradamente, la azoté contra mis rodillas, estaba nervioso. No me gustaba este lugar. Recordé la entrada del hospital con más gente entrando que saliendo. Por suerte, no tuvimos que esperar mucho para que llamaran a José por un altavoz.

—¿Esperas o vienes conmigo? —me preguntó.

—Te acompaño. Quiero ver cómo lo hacen.

Dejé la revista y seguí a José por la puerta giratoria. La enfermera filipina se acercó y preguntó:

—¿Quién de ustedes es José?

José se señaló a sí mismo.

—Entonces vaya y tome asiento —se dirigió a mí. Miró la sangre sobre mi camiseta de bulldog.

—Lo siento —respondí—, mi amigo no habla inglés.

José sonrió y siguió el juego.

—*No speak* —dijo en voz alta. Me agarró del hombro bruscamente—. *Me friend.*

La enfermera nos condujo por un pasillo amarillo como el camino de ladrillos de Oz. Pensamos que nos llevaban a un cuarto privado, pero no tuvimos tal suerte. En una gran habitación repleta de bebés y niños gritando. La enfermera le pidió a José que tomara asiento y esperara su turno. A un niño como de diez años le estaban quitando unos puntos de la ceja; otro, con una toalla en la barbilla, balanceaba las piernas, adelante atrás, adelante atrás; sabía que era el próximo y estaba listo. Ese lugar era una verdadera fábrica, puntos entrando, puntos saliendo.

—Recuerda —le susurré—. No sabes hablar inglés.

—Lo sé —dijo José.

Nos reímos. Luego anunciaron su nombre y otra enfermera cogió su historial médico, llamándolo por segunda vez con más fuerza y sin ánimo para juegos.

—Vamos, jovencito —ordenó la enfermera. Usaba guantes y para gastarle una broma, saqué mi calcetín ensangrentado; se echó para atrás al verlo.

—¿Estás herido? —preguntó.

Me limpié mis sangrientos *mocos,* sonándome la nariz ruidosamente.

—No, me siento perfectamente bien.

—¡Tome asiento!

—Mi amigo aquí no habla inglés...

—Vaya y tome asiento, ¡ya!

Hice lo que me dijo y en menos de un minuto José estaba sin camisa y la enfermera le quitaba los puntos con unas pinzas. José me miró sonriéndome y levantando el pulgar en señal de aprobación. En diez minutos estaba listo, como si fuera un simple lavado, engrasado y cambio de aceite.

Salimos de ese lugar. José giró su hombro varias veces y comentó que se sentía mucho mejor, aunque todavía un poco tieso.

—Déjame ver —le pregunté, cojeando a su lado.

—Aquí no. —Me hizo a un lado cuando intenté asomarme. José estaba curándose ante mis ojos, y yo también. Mi nariz había parado de sangrar.

Bajamos por la escalera en lugar de tomar el ascensor, y quién sabe si habrá sido por decisión de Dios o del diablo, pero en el último tramo nos encontramos a Ángel con el ojo hinchado y una hilera de puntos. Iba subiendo, pero se detuvo al verme. Intercambiamos miradas por un instante, como si nunca nos hubiéramos visto antes o como si fuéramos parientes lejanos. De pronto vi la ira encenderse en sus ojos, y antes de que pudiera buscar algo debajo de su camisa, me abalancé por las escaleras, casi tropezando, mi nariz empezaba a sangrar de nuevo, y me tiré encima de él. Nos insultamos el uno al otro con toda clase de groserías. Todos se hicieron a un lado, los enfermos, sus parientes, los trabajadores del hospital, y al menos dos enfermeras, mientras rodábamos en breve vuelo por las angostas escaleras. ◆

# Capítulo 9

◆ TAL VEZ los estudiantes de técnicas mortuorias reciban créditos extra por limpiar los cuerpos tatuados de nosotros, los *cholos* que no podemos pagar un entierro común y corriente. Tal vez nos anuden la corbata, abotonen nuestras camisas, coloreen nuestras mejillas y despues, con un ¡uff!, levanten y acomoden nuestros cadáveres en ataúdes pasados de moda. Por la manera en que nos trenzamos el uno sobre otro, rodando por la escalera e intercambiando *chingasos* en la planta baja, faltó poco para que los estudiantes de la morgue nos llevaran a Ángel y a mí. En cambio vinieron los de seguridad, dos filipinos mayores de edad con trajes de poliéster que les quedaban demasiado grandes. Cuando nos vieron, retrocedieron y nos dieron campo, cotorreando en su lenguaje isleño.

Ángel y yo fuimos lo bastante listos como para salirnos del hospital, dejando atrás un rastro de sangre tan antiguo como los primeros *pachucos* de los años cuarenta. Cuando ves a un paisano tambaleándose por la calle, le dejas espacio, eso es lo que debes hacer. Te cruzas al otro lado de la calle, silbando *Dixie* –o *Cielito Lindo*, en nuestro caso.

José se me emparejó en el carro de su madre, pero le indiqué que se marchara. Estaba llorando, este *marine* que sin salir de su país, había visto suficientes guerras como para quedar marcado de por vida. Me pidió una y otra vez que me subiera al auto. Su carro iba al mismo paso que yo, pero preferí ignorarlo. Volteé a verle la cara, descompuesta por el llanto. El espejo retrovisor seguía colgando, como mi cabeza. Intenté decirle: "Arregla tu espejo, hombre" pero no pude hablar. Le hice una señal con las manos de que se marchara. Paró su carro en la calle, y yo seguí adelante tambaleándome, cortando camino por un baldío con los calcetines recogiendo cardos, espinas, polvo y suciedad.

Me fui cojeando hacia mi apartamento, y en un aspersor me lavé la cara, el cuello, y los brazos. Me quité la camiseta de bulldog de José y dirigí el chorro hacia mi pecho. Descansé dos veces en callejones, y me crucé una vez con un par de *homies*, recargados en la defensa de un carro. Desperté su curiosidad, pero eso fue todo. Me dejaron pasar.

Esa noche, sin ayuda de los estudiantes de técnicas mortuorias, me bañé en la tina y me limpié con una ternura que me sorprendió. No había nada que hacerle a mi cara. Tenía el ojo izquierdo cerrado y la boca tan hinchada que no podía articular palabra. Mi nariz se había vuelto enorme. Me dolía el cuero cabelludo y tenía la garganta completamente roja. ¿Qué me había hecho? Puse cubos de hielo sobre mis heridas, pero aun así el dolor no se aliviaba.

Lupe pasó por mi casa esa noche, gritando como loco. No tenía nada en contra mío, pero estaba enojado porque había estrellado la cabeza de Samuel contra el muro. Me insultó con toda clase de groserías y me gritó que saliera porque pensaba molerme a golpes. No pude hablar. Me quedé acostado a oscuras, en el piso de la sala, al mismo nivel que un par de cucarachas. Lupe se asomó por todas las ventanas, pero no me vio. Me mentó la madre y rompió una ventana con el puño. Los vidrios entraron volando a la habitación. Metió su cabeza por la ventana rota; parecía un animal buscando a su presa. Pero mi vecina de enfrente, la señora Ríos, al oír el ruido, salió y lo regañó por escandaloso y buscapleitos. Lupe se alejó, pero no sin proferir una avalancha de insultos exagerados. Dijo que me mataría nueve veces. Con una sola vez bastaba.

La señora Ríos tocó a mi puerta preguntándome con dulzura, primero en inglés y luego en español, si me encontraba bien. Murmuré a través de la puerta que sí, que estaba soñoliento. No pude decir más. Se quedó en el porche, atenta, y luego regresó a su apartamento. Escuché como se encendía la luz de su porche.

Tumbado en el piso, pensé en el apuñalamiento de mi primo Jesús. Tal vez no había sido Ángel, después de todo. Tal vez sólo fue un *chisme* de Norma, algo que comentar mientras hundía sus piernas en el agua. O tal vez Norma realmente pensaba que Ángel había matado a Jesús porque lo había oído de alguna *paisana*. En Fresno, sin nada que hacer, la gente regaba rumores a diestra y siniestra, y cuando menos te lo esperabas, eras el tema de conversación. Yo estaba en el suelo e imaginé a un tipo con zapatos amarillos. Me estaba pateando, y no suavemente. Con esta basura me quedé dormido.

Dos días más tarde, con una caja de cartón con ropa y una caja de cereal medio vacía en los brazos, caminé los cinco kilómetros a casa de mi *nina*. Lloró al verme, por la golpiza y porque había sido el último en ver a Queenie con vida, según dijo. Me ofreció un refresco y los restos de una sopa enlatada, que bebí con mucho cuidado en la mesa de la cocina. La sopa estaba buena y el refresco tan frío como un río. Logré balbucear a través de mi boca hinchada, que le había dado un buen abrazo a la perra antes de dejarla ir.

Dos semanas más tarde, mi *nina* me dejó en la oficina de reclutamiento naval, y me dio un abrazo que exprimió el dolor que tenía dentro. Tenía que salir de la ciudad, y la marina parecía ser el único camino. No le dije nada a *Coach* ni a José. Ambos creían que me había ido a la casa de mi mamá en Merced. Nada que ver. Para cuando llamé a mi madre desde casa de *nina*, mis heridas ya habían sanado. Supuse que Ángel se estaría recuperando al mismo tiempo y que estaría tras de mí. Tenía la pistola de mi tía y la próxima vez no dudaría en usarla. Debía irme lejos. Era el mes de julio, y el inclemente sol ardía desde lo alto.

Mi *nina* me abrazó y me puso diez dólares en la mano. Tuve ganas de regresárselos, no los merecía. Al fin y al cabo era el mismo desgraciado que se había quedado con su dinero el día que Queenie entregó su alma.

Mi madre no fue a despedirme, pero me mandó una carta diciendo lo mucho que me quería, junto con quince dólares.

Mi *nina* se alejó del centro de reclutamiento con ambas manos al volante. Tenía ganas de llorar. Toda mi vida había visto a gente alejarse: papá, mi mamá, Jesús, amigos de la infancia, y *paisanos* que desaparecían en tres líneas de la página de obituarios. Podría haber llorado bajo el calor de Fresno, pero no hubiera importado. Las lágrimas se habrían evaporado antes de que alguien notara mi tristeza. Levanté mis dos maletas y abrí la puerta del centro de reclutamiento con el pie. El aire frío resultó agradable al contacto. Algunas personas me miraron desde sus sillas. Si no hubiera tenido las maletas en la mano, me habría dado una palmada en la frente del asombro. Ahí, sentado entre todos ellos, estaba Larry el pasado. Se sonrió y gritó:

–¡Eddy! Entramos juntos. –Vaya compañía con la que ando por la vida, pensé. Cuando no son *homies*, son drogos–. ¡Hay refrescos gratis! –exclamó, ayudándome con una maleta. Me jaló del brazo para mostrarme una hielera. Esa era nuestra bienvenida: latas de refresco marca libre gratis flotando en agua helada.

A las dos en punto abordamos un pequeño autobús rumbo a la Estación Naval Aérea de Lemoore, ubicada en el desierto, a ciento cincuenta kilómetros al sudoeste de Fresno, donde el calor era todavía peor. Qué gracioso, pensé, vamos a la marina, pero la marina está en el desierto. Sólo esperaba que lo que José había dicho del ejército fuera cierto; toda la leche malteada que quisieras. Ojalá me enseñaran a nadar como un delfín y a pelear como un cocodrilo.

El autobús, no muy limpio que digamos, partió con nosotros, nuevos reclutas, uno de ellos lloroso por dejar a su novia, y otro riéndose porque se escapaba de una novia con hermanos celosos. A primera vista resultaba obvio que estos dos no se llevarían bien. Me quedé sentado en silencio; Larry se sentó junto al conductor y hablaron de *Gun's and Roses*.

Tomamos la autopista 99 y nos desviamos hacia la Ruta 41, alejándonos de la ciudad. Pasamos por kilómetros y kilómetros de campos de algodón y viñedos. La autopista estaba sucia de animales atropellados –perros y algunas gallinas con las patas al aire–. También había depósitos de chatarra y varias gasolineras. Pero a medida que nos íbamos alejando, se veían menos personas en el camino. Sólo granjas y animales.

Cerca de Riverdale, el autobús comenzó a calentarse. El vapor cubrió el parabrisas. El motor empezó a tronar y en pocos minutos estábamos parados a un lado de una pequeña carretera de dos sentidos.

Salimos del autobús uno por uno, la grava crujiendo bajo nuestros pies. Al principio el calor no era tan fiero, aunque el sol brillaba en todo lo alto, de manera que teníamos que entrecerrar los ojos. El conductor abrió el cofre sin saber qué hacer. Nosotros tampoco sabíamos qué hacer, aparte de maldecir y tomarnos los últimos refrescos de la hielera. Un carro pasó pitando a toda velocidad, mientras nos bebíamos los refrescos. El pasajero nos lanzó una botella y de inmediato todos nosotros, reclutas mal nacidos, le plantamos el dedo.

El calor nos arrinconó bajo la sombra del autobús mientras esperábamos la unidad de rescate. Dos de los muchachos se sacaron las camisas, amarrándoselas en la cabeza. Larry el pasado hizo lo mismo. Me sorprendió ver que tenía dos cicatrices de navajazos sobre su pálido cuerpo. Todos podíamos quitarnos la camisa y mostrar nuestras cicatrices, rosáceas y sedosas al tacto. Cuando empezaron a hablar de mujeres, jactándose y haciendo alarde de cosas falsas y además biológicamente imposibles, caminé por la grava hacia un carro parado a un kilómetro del camino. Relucía en medio del campo, tal vez abandonado. Cuando dejaron de pasar autos, crucé la carretera. Cada tanto pasaban gigantescos camiones diesel y carros con remolques, pero más bien estaba tranquilo. Los cuervos sobre los alambres graznaron. Un conejo jugueteaba en el campo, levantando polvo.

Caminé hacia el automóvil, salté una barda y caí en un campo donde inmensas gaviotas varadas picoteaban el terreno. No conocía el cultivo, pero lo que fuera ya había sido cosechado. Fijé mi atención en dos hombres, ambos negros y en harapos, que recogían las sobras. Titubeé en el campo, titubeé porque la presencia de estos hombres tenía que ser un milagro.

"¡No puede ser!" me dije, mientras corría hacia ellos. Su camisas desabotonadas se levantaban alrededor de ellos. Corrí sobre los montones de hierba, apurando el paso para encontrarme con estos hermanos. Me detuve a menos de un metro de distancia. Casi podía tocarles la cara, pero no lo hice porque sabía que no era apropiado. Sus cuerpos estaban sucios pero tallados de músculos, estos hombres sudorosos que se ganaban la vida recogiendo sobras.

—Ey, amigo, creo que te he visto antes en algún lado. —Uno de ellos sonrió.

Santo Dios, pensé. Me ardían las heridas y mis pulmones estaban en llamas. Me sentí abrumado por la tristeza. Me di cuenta que había caminado sobre cebollas, hectáreas de cebollas enterradas.

—¿Dónde te he visto antes, hermano? —preguntó el hombre. Se pasó una mano grande por la frente.

—No lo sé —gemí. Me volví a mirar el autobús. Se veía tan lejos que pensé que nunca podría regresar.

—Te vendí unos sacos, ¿verdad? ¿Estaban buenas?

Me agaché, llevándome las manos a la cara para ocultar la vergüenza que me había traído a este lugar. Vi a Jesús acostado en el suelo, y a Ángel encima de él. Vi mis palmas manchadas con toda la sangre de las guerras de pandillas —las del pasado, las presentes y las que vendrían cuando cada uno de nosotros le alzara el puño a su hermano—. El hombre, sin decir palabra, me ayudó a levantarme y me obsequió dos cebollas, una para cada mano. Y no sé si habrá sido el sol o el viento golpeando mi rostro, pero en ese momento, mis ojos se cubrieron con las últimas lágrimas de la niñez. ◆

# Índice

*Cebollas enterradas* de Gary Soto, núm. 159 de la colección
*A la orilla del viento*, se terminó de imprimir en los talleres
de Impresora y Encuadernadora Progreso, S.A. de C.V. (IEPSA),
Calzada de San Lorenzo núm. 244; 09830, México, D. F.
durante el mes de marzo de 2003. En su elaboración participaron
Luis Ernesto Nava, edición, y Pedro Santiago Cruz, diseño.
Tiraje: 7000 ejemplares.